鲜活的面容

张建全 著

中国散文年会
二零二二年度
一等奖获得者

中国青年出版社

目 录

代　序　真实的力量　　　　　　　　　　　　001

第一章　乡土　　　　　　　　　　　　　　　1
　　废窑上的十里村　　　　　　　　　　　　2
　　父亲的生意经　　　　　　　　　　　　　7
　　我和我的母亲　　　　　　　　　　　　　14
　　李甲民叔叔　　　　　　　　　　　　　　21
　　我的一封信——给董维常老师　　　　　　28
　　老邻居　　　　　　　　　　　　　　　　36
　　乡村四季　　　　　　　　　　　　　　　43

第二章　军旅　　　　　　　　　　　　　　　51
　　在湖南当兵　　　　　　　　　　　　　　52
　　1978 连队的夏天　　　　　　　　　　　　59
　　哥儿们罗曼事　　　　　　　　　　　　　69
　　与豫之缘　　　　　　　　　　　　　　　75
　　再见已过四十年　　　　　　　　　　　　89

第三章	游踪	**97**
	看故宫	98
	婉容	105
	苏公祠	115
	巴伐利亚的魅影	122
	池袋本町	128

第四章	随想	**133**
	谁家的北京城	134
	华夏第一楼	140
	琼崖往事	148
	你是哪里人	156
	一人一部吃喝史	163
	好狗康宝	172
	二十年后忆今天	182

第五章	影谈	**189**
	温斯莱特的巴黎	190
	太阳黑子	195
	一江春水向东流	199
	茜茜公主	202

第六章　词话　　　　　　　　　　　　209
　　王佑贵先生
　　　　——《春天的故事》之后　　　　210
　　记忆中总有一杆枪
　　　　——与戚建波先生写军歌　　　220
　　豪情
　　　　——与孟文豪先生作民谣　　　227
　　会飞的鱼
　　　　——与李岱珂先生唱青春　　　240
　　古城同歌
　　　　——与赵文琪先生的"双城"缘　247

第七章　给女儿　　　　　　　　　　　259
　　女儿经　　　　　　　　　　　　　260
　　给女儿的五封信
　　　　之一　以爱立心　　　　　　　268
　　给女儿的五封信
　　　　之二　以技立身　　　　　　　276
　　给女儿的五封信
　　　　之三　乐观天下　　　　　　　283

给女儿的五封信
  之四 以善导航   293
给女儿的五封信
  之五 恋爱是婚姻的前奏   298

后 记 让文学为生活伴奏   304

代序

真实的力量

蒋建伟

"修辞立其诚",即要求作者必须说真话,写真情,立美德,方才让读者感受到真实的力量。

读作家张建全的散文新著《鲜活的面容》,脑子里不时蹦出来古代先贤的这句话,寻哂再三,还是难舍这番俏滋味,真有意思。

"修辞立其诚"语出《易传》。比如,《乾卦·文言》中子曰:"君子进德修业。忠信,所以进德也;修辞立其诚,所以居业也。"相传春秋时期,人们已将"立德"看得重于"立言","修辞"是为了"立诚","立诚"则直接呈现出"修辞"的好坏,可见,"修辞立其诚"多么重要。又如《左传·襄公二十四年》:"豹闻之,大上有立德,其次有立功,其次有立言,虽久不废,此之谓不朽。"也就是说,立德为首要。古往今来,这种美学观点一直影响着我们做人、处事、求学、作文,所以后来,才流传开来"文如其人""文品与人品皆一流"之类的佳话。

胡适先生(1891—1962)是极力推崇晚清时期的大儒章炳麟(1869—1936)的。他在文论《五十年来中国之文学》(见《胡适代表作·尝试集》一书,中国现代文学馆编,华夏出版社,2011年1月北京第4次印刷)第七部分里,夸赞此君是"中国古文学大结束的一个人物",真真了不起:

> 章炳麟是清代学术史的押阵大将,但他又是一个文学家。他的《国故论衡》《检论》,都是古文学的上等作品。这五十年中著书的人没有一个像他那样精心结构的;不但这五十年,其实我们可以说这两千年中只有七八部精心结构,可以称作"著作"的书,——

如《文心雕龙》《史通》《文史通义》等,——其余的只是结集,只是语录,只是稿本,但不是著作。章炳麟的《国故论衡》要算是这七八部之中的一部了。他的古文学工夫很深,他又是很富于思想与组织力的,故他的著作在内容与形式两方面都能"成一家言"。

章氏论文,很多精到的话。他的《文学总略》(《国故论衡》中)推翻古来一切狭陋的"文"论,说"文者,包络一切著于竹帛者而为言"。他承认文是起于应用的,是一种代言的工具;一切无句读的表谱簿录,和一切有句读的文辞,并无根本的区别。至于"有韵为文,无韵为笔",和"学说以启人思,文辞以增人感"的区别,更不能成立了。这种见解,初看去似不重要,其实很有关系。有许多人只为打不破这种种因袭的区别,故有"应用文"与"美文"的分别;有些人竟说"美文"可以不注重内容;有的人竟说"美文"自成一种高尚不可捉摸,不必求人解的东西,不受常识与论理的裁制!章炳麟说:

> 文字本以代言,其用则有独至。凡无句读文,皆文字所专属者也,以是为主,故论文学者不得以兴会神旨为上。……知文辞始于表谱簿录,则修辞立诚,其首也。

章炳麟言及的"修辞立诚,其首也",也是作家张建全于文学创作当中心心念念的,一生追寻的。

之所以把自己故里故人、旧时旧事、陈年老酒之类的东西,通通称为"鲜活的面容",且作为书名,我认为,作家是在旧时光里发现另外的一种"新"。文字的描摹,再现并重新建立一个文学世界里的故乡十里村,一大群让读者们完全陌生的、鲜为人知的、活生生的村里人,林林总总的趣事,用心之深,用情之真,用力之切,可以说力透纸背,朴实感人,让人恍若身临其境。依照题材,全书归类为"乡土""军旅""游踪""随想""影谈""词话""给女儿"七个部分。三十九篇文章,一路读下来,高低起伏,平仄有韵,篇篇文章都为他精心烹制、百里挑一、反复推敲,虽不齐整,但我们感觉得出,其的的确确是下了一番苦功夫的。所有这些,也是考量一个作家散文创作过程中的掌控力,知识量丰富不丰富,面对题材多元化、风格差异化时如何综合处理。相比较,我个人比较喜欢"乡土""军旅""随想""给女儿"四章,作者想给我们展示出的那种"鲜活感",我感觉都有了,而且阅读部分文章时,不经意间,会被作者张建全的一些意外之笔打动。

写母亲的散文,常常是很多作者最信手拈来、一触即发的事情,但是,如何把"母爱"题材写好,写出新意,写出不一样的深刻意味,却是一道难关。谁不爱自己的母亲?谁不爱自己的爹娘?张建全在《我和我的母亲》里描写了一位质朴而又伟大的农民母亲,写作的角度是一张照片,由"我"从一张全家福中,通过电脑扫描,截取"我"与母亲两个人的部分,特意制作出一幅无比珍贵的母子合影说起,列举了母子之间六十多年中的几个小片段。细小的故事缓缓流淌,细细的香气,浪漫迷人,一股股缠绕在我们的心头。作者的内心是无比柔软的,语言朴实极了,干净极了,仿佛我们小时候上课前那块被无数只小手擦得一丁点儿粉笔字也不见了的黑板似的。这,怎能不一下子感动我们呢？这里，我摘录作者小时候卖瓜的片段：

我们家院子里种了三株苹果树，每年摘了苹果，我都会和母亲抬着苹果，沿西韩公路向南，上了坡，在九支渠车站旁边的公路边摆卖。有一次，我们与一个甜瓜摊为邻。也许是我们的苹果太酸，顾客们纷纷去买他的甜瓜，我们的苹果却无人问津。看着又白又香的甜瓜，我对母亲说我也想吃，母亲说："等卖了苹果就给你买。"可是大半天过去，太阳都快西下了，我们连一个苹果也没有卖掉！无奈，母亲笑着过去与卖瓜人商量，说："这位大哥，我想用两斤苹果换你一个甜瓜，好不好？因为我儿子口渴，想吃你的甜瓜。"卖瓜人不仅不给母亲面子，反而说："口渴了吃你的苹果呀！"母亲尴尬得满脸通红，连忙对那人说："那就算了！算了！"

我不忍心让母亲尴尬难堪，便急忙对母亲说："我不吃甜瓜了！"说完，抓起一个苹果就吃了起来。"妈，苹果比甜瓜好吃多了！"我偏偏大声说着，那卖甜瓜的人装听不见，但母亲却悄悄抹眼泪。

我小声对母亲说："妈，我以后一定好好学本事，长大后要有出息，等我有工作了，挣了钱，我就带你到城里去！"母亲听我这样说，声音都变哑了，说："我儿子有志气！有志气！"

这几处描写，比较引起我们共情。

小小年纪，面对生活的困境，就懂得了人穷志不短的道理，何等有骨气、硬脊梁啊！三个人物的性格刻画、故事的矛盾冲突、结尾部分的升华，无不是对温暖的母爱进行诠释，让人感慨万千。

更何况，作家张建全把这个故事当成了秘密，偷偷一藏就是五六十年。他，时刻告诫自己只有努力拼搏，化屈辱为动力，才能有出息！

还有一个场景，我也非常感动：

> 1978年春，我报名入伍，本来县武装部已经决定录取我，不料却被大队长的儿子顶替了。消息传来，我在炕上躺了一个下午，无奈地流泪。母亲本来舍不得我当兵远走，但她见我难过，就去请同村的一个下放干部的爱人广兰婶子帮忙。广兰婶子的丈夫与县武装部刘部长是山西老乡，于是她答应替我把大队长儿子顶替我的事向武装部举报。
>
> 当天晚上，我骑单车带着广兰婶子去找刘部长。刘部长见了我们，先与广兰婶子聊了一阵闲话，然后走到一边的电话机旁，给征兵办公室的工作人员打电话，仔细问了我的情况。放下电话后，他又过来让我在他面前站直，平视前方，末了，对广兰婶子说："嗯，好小伙子嘢，你们回去等信儿吧！我不会让歪门邪道得逞的！"
>
> 我于是如愿当兵了。

报名参军，却不料被别人冒名顶替，无论换了谁都咽不下这口气，这是何等的耻辱！和"我"的独自躺在炕上流泪、生闷气相反，母亲四处奔走托关系，找到有关领导申诉冤情，最终"柳暗花明又一村"。可以说，是母亲豁出去的勇气，找到那位有着一身正气的领导，夺回了原本就属于自家孩子那个当兵的名额，一个农村娃一步迈进了军队的大门，彻底改变了"我"以后的人生命运。

一篇文章好不好，能否打动读者，取决于作家的情感是不是真实的，语言是不是真实的、诚恳朴实的、不掺假的。今天，随着互联网信息大爆炸时代的来临，微博、微信公众号、朋友圈、短视频等自媒体写作兴起，加上传统纸媒写作，不断地为"散文热"加持，"汪曾祺散文热""周作人散文热""贾平凹散文热""余秋雨散文热""刘亮程散文热""鲍尔吉·原野散文热"等现象此起彼伏，这是好事，一个人的文字被长久地阅读，一定有它经典的意义。

张建全想必也是持"修辞立其诚"观点的。这一点，我从他的三十九篇散文作品中得到了答案。

比如，他的散文《再见已过四十年》，真诚、朴实，令人泪目。最能震撼人心的文字，一定是朴实的。作为一位退伍军人，张建全深情回忆起他1978年6月参军入伍，在湖南邵阳某地当了一名基建工程兵那段人生的重要经历。就是在这时候，他遇见了田副连长。"田副连长那时只有三十多岁，他分工主管施工生产，所以工地上总有他的身影。许多时候，他在炎阳下头戴草帽与战士们一道挥汗如雨，所不同的是，他仿佛早已习惯了这种日晒雨淋的生活，皮肤早已呈浅咖啡色。"彼此的感情一下子拉近了。接下来，他描写了一百多名新兵看电影时齐看厂里新来的漂亮女工而竟然一时忘记喊口号、唱歌；田副连长的爱人来部队探亲，小战士们借故去看漂亮嫂子到底长什么样儿,对小战士、老兵、田副连长、嫂子的心理活动一一描写。文中,作者还写到了他们一帮新兵和刘连长的故事,展现出了新兵的憨、傻、羞怯、青涩劲儿,以及亲如兄弟般的战友情。

显然,不止于此。作家将笔墨重点放在他们四十一年后的这次聚会上,从接站,到送别,字里行间的感情无一不是沉甸甸的:

> 我盯着旅客出口通道,不一会儿,就从远处一个人的走路姿势判断出他可能就是田副连长,走近再看,果然是他!我立正,敬军礼,田副连长立即笑着还礼。
>
> 他头发白了,但仍然浓密,肤色红润,身板直挺挺的,体形未见太大变化。嫂子随行,她说当年怀抱着的儿子叫田军,现在四十多岁了,在武汉一个重点中学当老师。

酒桌上、分别时的描写也十分精彩,没有华丽的辞藻、优美字句的修饰,却有着极强的感染力:

> 席间,刘连长对他的副连长尊称为"老兄",副连长则对"老弟"刘连长的工作魄力称赞有加,谈起往日经历,还是那些抢工期、争先进的故事。
>
> 作为连队新兵,我接待久别的连首长,当然应尽地主之谊,未料到刘连长夫人中途借去洗手间的机会,偷偷买了单,令我措手不

及。念及他们有十余年的共事之谊,我也就不再相争了。

………

向希春安排的包房里热闹非凡。向排长备了收藏的陈年好酒,可是在座的战友们除了我因开车而不能碰酒外,其他人多数也已七十开外了,刘连长不喝酒,田副连长做过心脏搭桥手术。于是,大家先说不劝酒,就以水代酒开宴。谁知三分钟过后,就纷纷破例了。尤其是田副连长,他明确告诉嫂子:"今天不要拦我!"

………

送他们到车站那天,嫂子执意留一千块钱给我,她说从湖北出发时,准备带麻油给我和刘连长的,谁知因安检而无法带,于是叮嘱我在北京当地买两份,一份给我,一份转送刘连长。

在车站分别时,想到时隔四十年的相聚,不知再见又是何年,我俩不禁有些伤感,眼睛骤然潮湿,语也哽咽……

一篇三千多字的散文,时间跨度四十一年,叙述从容不迫,人物多而不乱,感人的镜头一个连着一个,情到最深处,《再见已过四十年》真的是一气呵成啊。作者张建全后来告诉我,这篇文章,是他在战友聚会分别以后,一个人坐在宾馆大堂的沙发里,由于一时找不到笔,只好花了一个小时,在手机上匆匆完成。

这篇文章,也是我在著名作曲家冯世全老师的微信朋友圈里"淘"来的。这之前,我和张建全是完全陌生的,谁也不认识谁。

"张建全是谁？"我在手机微信里拐弯抹角地找他，后来，果然找到了。

不料，由此，竟然一下子激起了张建全的写作热情，他重新拾起了搁置多年的笔，后来的后来，也便有了你看到的这本书。当然，里面的三十九篇文章并不是如你所期望的都是一样的好，人的五根手指头还有长有短呢，何况所刊集的诸多文章。我这样想，作者还在文学创作之山峰上努力攀登，我们正在目睹一位文学作家的成长成熟。

此刻，当这本《鲜活的面容》摆在你的面前，你或许会问："张建全是谁？"这样的情形，几年前也曾经发生在我的身上。那么，张建全到底是谁呢？

好吧，我来告诉你："请你打开《鲜活的面容》这本书，顺着目录上的标题《废窑上的十里村》《父亲的生意经》……《李甲民叔叔》……《我的一封信——给董维常老师》……《1978连队的夏天》……《与豫之缘》……《婉容》……《谁家的北京城》……《王佑贵先生——〈春天的故事〉之后》……《女儿经》《给女儿的五封信》，一路读下去，你就会知道，他是乡土味张扬的陕西娃，他是一个兵，他是国企的领导……他是一个好儿子，是一个好老公，也是一个好爸爸……"是啊，张建全早已经把心窝子里想要说出来的话，全都写进文章里，你读完哪怕那么一两篇，自然就懂了。

原本想写很多话，但忽然之间，天色开始微微地白，下笔不觉渐缓，只一句"为文者，必修辞立其诚"，送给张建全，也送给我和我们。

人世间最为强大的力量，是情感的力量，是真实，震撼人心。

2022年11月9日晨　于北京通州灯下

第一章 乡土

废窑上的十里村

父亲的生意经

我和我的母亲

李甲民叔叔

我的一封信——给董维常老师

老邻居

乡村四季

废窑上的十里村

谁都知道古老的中国有座古老的西安城。西安城有至今都保存较好的四个大门：长乐门、永宁门、安定门、安远门。

从西安城安远门（北）出城，先北后东，先过十里堡，再过灞桥，沿着西（安）韩（城）公路一直向北，半个多小时以后，就过了渭河桥，三分钟后可到九支渠，接着经坡道下白蟒原。原下右手映入眼帘的村庄，就是西安市高陵县（现陕西省西安市高陵区）张卜乡岩王大队十里村。

我出生在十里村，十八岁参军去湖南时，村里只有二十余户人家，男女老少一百多位乡亲。

陈忠实先生谈及其名著《白鹿原》的创作经过时曾说，他是以自己的故乡西蒋村为原型创作《白鹿原》的。其实，西蒋村就是位于西安市东南郊白鹿原上的一个村子。而我们十里村却是位于西安市东北郊白蟒原下的一个村子。白鹿原与白蟒原相距不过数十里路。也许关中平原上有太多的原了，过去的人给自己身边的原命名时，又都受到某种风水与灵物启示，于是你叫白鹿，我叫白蟒，也可能还有叫白龙、白虎的。

别的原我是不大了解的，但据我们村里的长者说过，白蟒原可是个千真万确的神原。十里村之所以自古以来就是风调雨顺之地，盖因白蟒原的护佑。白蟒原形似一条东西而卧的白蟒，逶迤延伸，无人见其头尾。白蟒原以南三里地的渭河虽然多次闹过洪灾，却从来没有伤过白蟒原的身子，白蟒原下的老百姓因此都过着安定太平的日子。

相比之下，我们十里村在白蟒原下是有一定知名度的：一是因为十里村靠近西韩路，二是因为十里村的来历和村名的变迁有着显而易见的故事性。

据说早在清朝末期，陕南大旱，连年歉收，致使许多灾民外出求生。他们翻过秦岭北行，纷纷进入富饶的关中平原。有一年，从南山里来的一户人家，挑着担子，拖儿带女逃荒至此，天黑时见路边不远处有一排废弃的地窑，便找了一个遮风挡雨的角落，暂作歇脚之所。不料当夜大雨，次日更甚，其后连续一个多月都是下下停停的阴雨天，道路泥泞异常，逃荒人无法起身上路。

等到天晴可以走的时候，又因为滞留月余，大人孩子都对这个地窑熟悉了，也产生了些许感情，舍不得走了。连坐在挑担里的孩子，一见爹娘收拾行李，有一点走的架势，就哭闹起来。大人见了，转念一想，既然如此，何不就此落地生根，安家于此呢？

废弃的地窑由此有了一户人家，有了烟火。春天来临时，随之又有了秧苗，有了树木，秋季来了又有了秋收。接着又有几户逃荒而至的人家依样学样。先来的觉得能有后到的做伴，心里欢喜；后到的觉得能有先来的探路，心里踏实。于是乎，一户两户三户、五户六户七户……村子就这样渐渐成形了。

附近村庄有人见了，觉得荒弃已久的地窑有人收拾也是好事，一来地窑住上人好过"闹鬼"，二来周围的荒地由着他们开垦耕种，倒显示出勃勃的生机。

后来这个自然生成的村子就慢慢被人叫出了名字，当然借用了原来废弃的地名——窑上。

虽然窑上村就一个名，但居四方八邻的人却以他们各自地处窑上的不同方向，又分别给窑上取了四个名字：南窑上、北窑上、东窑上、西窑上。

过了一些年，窑上人婚丧嫁娶，繁衍生息，人口逐年递增，还有人看到过往路人常常在此歇脚,于是灵机一动,在路旁平整出一块空地,搭起个竹棚,开起了马车店,还兼营开水灶。

开店的人没想到,地处九支渠坡下的窑上村,由于所处位置靠近西韩路边,那上坡的、下坡的,多数用力气吃饭的人,都需要有一个喘气歇息的地方。加上店主待人热情,收费实惠,于是马车店的生意就慢慢兴隆起来。

可是人多了,来来去去"窑上窑上"地叫,而"窑上"的"窑"又与"窑子"的"窑"为同一个字,这就让窑上人不乐意了,都说,我们村贫贱富贵不说,但不能被人叫成烟花巷。于是大家一合计,改叫"店里"了。理由是,原来因废窑得村名,现在就以马车店得名吧,"店"字比"窑"字光彩些。

又经过了许多年,店里人不断拉土平地,打墙筑基,增建房舍,随之也把有关废窑痕迹的东西都清除、改造了,别人再肆无忌惮地"窑来窑去"地叫,必然令店里人生气,有时会发生对骂,甚至还为此动手打过架。

店里村长,店里村短,店里村的名字叫顺了没有多久,马车店的生意更加红火了。这就令有的人不乐意了,说全村人都给马车店扬名哩,马车店又不是全村人的店,店里村名还应该再改一回。这个时期,村里的两大姓氏——王家、涂家势力崛起,偏偏马车店又为张姓人所有,在村政上张姓自然就人少言轻,未能阻止人家的更名要求。

新的村名据说费了不少周折。最后,村上一个见多识广的长者提议,说:"咱们村离北边的县城十里路,离南边的耿镇也是十里路,叫十里村最好!"

这个提议受到大家肯定,说"十里"的"十"是十全十美的"十","里"

是店里村的"里",此次改名,也只是扔了一个"店"字,要了一个"十"字。

没有人不喜欢吉祥,没有人不喜欢十全十美的祝福,于是"十里村"的名字从此再无争议,慢慢就叫开了。

随着一代人过去,后来就没有人知道"窑上"和"店里"是哪儿了。

我出生在1960年,从我记事时起就知道我是十里村的小孩、少年、青年。我与我同龄的伙伴放羊、割草、下地干活、上学读书。我原来以为我会与父辈一样,在十里村娶妻生子,成人立户。不料在1978年初春,我意外地穿上了军装。

之后很多年,无论是当兵、转业、经商,也不管我住南方、居北国,我都隔三岔五地回村探亲。可是到了九十年代初,因为我的父母双亲年迈,我就接他们来城里与我同住,后来我就很少回村了。

前年冬天,我母亲与老家我四大(爸)徐振在电话上聊天,得知西安市把一个大型环保处理厂规划到我们村了。又过了约半年,我四大发来十里村拆迁施工的视频,只用了多半天,一个历经清朝、民国直至二十一世纪的村子就被夷为平地,乡亲们有的住进了老县城的回迁楼,有的领了补偿款去别处买房子了……

如果把十里村分为两个阶段,即我生活在村里的时候和我长大离开以后。生活在村里时,我对十里村更有感情一些;长大离开后,十里村人和十里村貌都发生了巨大变化,令我有了陌生感。

四十多年来,我每次回村,都会发出"少小离家老大回,乡音未改鬓毛衰,儿童相见不相识,笑问客从何处来"的感慨,至于那些旧路新门,我早就不知谁是谁了。

过去,当十里村炊烟缭绕、鸡鸣狗吠之时,我的故乡情仿佛还有一种依托,而当十里村消失在地平线之下,取而代之的将是一个现代化的工厂时,我便有了一种怅然若失的感觉。十里村由此走进了我的记忆之中,永远成为一个梦幻般的存在。

从此之后,我再也无法踏上曾经放羊的山坡,再也无法去田埂旁嗅一嗅泥土的清香,再也无法与已经当了爷爷奶奶的童年玩伴坐在村头拉闲话了……

说来也怪,没有真实的十里村可去时,我便常常走进梦中的十里村,几十年前的乡村往事便在我的脑际不断地"放电影"。

曾经的十八年时光,点点滴滴的记忆,如同村中老树上的落叶,凌乱而繁多,也许我耗尽一生也数不清,更说不完。

2019年12月6日于北京

父亲的生意经

我的父亲名叫张仲歧,生于1928年,生日不详,2004年10月20日逝世于北京。

那年春,父亲因肺癌晚期住进医院,尽管我竭尽全力,试图创造奇迹,可是最终无力回天。半年后,父亲的生命停止在他七十七虚岁的那年冬天。

此后这些年,我常常想念父亲,有时还会与父亲在梦中相见。父亲的往事,也经常在我的脑际闪现。

二十世纪六十年代初,我开始记事,那时父亲一年四季随男劳力下地干活,母亲随女劳力下地干活,区别在于男劳力往往干的都是重活。

我奶奶守在家里看孙子孙女,等她看我的时候,三个哥哥和一个姐姐都去上学了,与我玩耍的是小我三岁的妹妹。

很多年里,我们家在只有二十多户人家的十里村是人口最多的,当生产队分柴火、分红薯、分玉米棒的时候,哪一堆大,哪一堆就是分给我们家的。

全家只有父母两个人挣工分,生产队年终分红时,也就到了父母该还账的时候。我们家年年在生产队赊账透支,也在村里工分最多的几户人家轮流借粮、借钱。对于我们家来说,每年分红必须让生产队先扣除上一年赊的账款,再看看能剩多少,如果有剩余,也先紧着哪一家的债欠的时间长,先还哪一家,还不了的账,父亲又要忙着上人家里去,说要给人家"说一说、缓一缓"。每到这时,母亲往往一脸愁容,父亲却显得镇静得多,他劝母亲时说过最多的话,一句是"船到桥头自然直",另一句是"欠人钱比偷人钱强,不用担心"。

这样的记忆布满了我的童年。我那时纳闷,为什么我父亲母亲的工分要比别人家少呢？后来母亲有时唠叨，说你没有看见咱们家几张嘴吃饭呢，多少人穿衣呢，说你看你爸干得动那些来工分的大活吗。

听母亲这么一说，我明白了一些。父亲从小缺吃少穿，与村里那些同辈男劳力相比，身子骨明显弱了不少，那些扛麻袋、抡大锤、拉大车（工分多）的事，通常没有父亲的份儿。

尽管母亲的说法多少让我对父亲有了一些同情和理解，但我还是对那些剃了光头、打着赤膊干活的"英雄"滋生佩服之情。而在外表上，父亲又恰恰与我佩服的人不一样，他一直留着背头，也从不打赤膊，那些"光头"有时候还取笑我父亲，说他"心是城里工人的心，命是地里农民的命"，是"乡村秀才"。

父亲对别人的挖苦从不恼怒，有时轻描淡写地说一句："咦，穿衣戴帽可是我的自由！"

父亲不在乎别人说什么，却操心自己的学习。他愣是学会了打算盘，学会了裁剪衣服，学会了踩缝纫机，学会了烹饪，当厨师、做大菜……

每当父亲铺了桌布，耳根上夹着画粉，肩上搭着软尺，翻弄着那些大姑娘、小媳妇拿过来的一块块稀罕的布料，父亲的神情、动作，完全颠覆了他平时的弱男人形象。站在一旁急着穿新衣服的人，嘴里忍不住一句句夸着说："我张叔是个能人！张叔太有本事了！"听着来人的夸奖，我不由得就把佩服的目光从那些光头身上收回，转到了父亲身上。

父亲通过这些技能赢得了乡亲们的敬重。有人过了许多年，见了我还说："我结婚时还是张叔给我当的大厨！"还有人把父亲当能人、当先生，遇到什么疑难事就来找父亲商量。于是我常常见到父亲给人家做媒，调解邻里纠纷，就连拜他为干大（爸）的人也有三个。

尽管有这么多能耐，但在六七十年代，父亲依然无法满足一大家子人的吃穿之需，况且父亲将四个儿子的终身大事早早就提到议事日程，私下里开始谋划起来。

张家在我爷爷那一辈有兄弟四人（其中一个是同母异父），到了父亲这一辈时却只有他一人（同父同母三兄弟所生子女中男性）。于是父亲有时不无感慨地说，你三个爷爷守了我一个独苗。当他有了四个儿子的时候，他仿佛有时候感到欣慰，有时候又备感压力。

想多挣工分这条路走不通，想搞别的经营创收又怕生产队贫协主席、民兵队长他们把他当成"资本主义尾巴"的典型来"割"，于是父亲用他的办法打起擦边球。

先说养猪。生产队规定一户只能养一头猪，多了不行。如果这样，一头猪从小到大要长一年时间，正常情况下，一年下来，卖给指定收猪站也只有一头。但父亲没事就蹲在猪圈边观察研究，掌握了一些他认为有效的养猪诀窍，于是他不养小猪，而是直接去市场买那些半大的瘦猪回来，通过三四个月的调养，这些猪成猪（出栏）周期短，一年就能卖出两到三头。

再说养羊。与我们村其他人养绵羊、肉羊不同，父亲专门买母羊回来养。他看养羊方面的书，又去邻村养公羊（羊种站）的人家交流切磋，使我们家的母羊特别能下羔，这样不定期地出售小羊羔，成了父亲的另一条财路。

我是父亲的小助手，于是放羊、割草也成了我童年生活的主旋律。

父亲的生意经

我们村在白蟒原下，春夏季节鲜花烂漫。有一年，一个外地养蜜蜂的人路过我们村，见周围有花，就想住上几天。父亲热心地帮助对方安顿下来，并把养蜂人当成远方来的朋友。几天下来，两个人就无话不谈了。在养蜂人的鼓动下，父亲也动了养蜂的念头。

父亲是个想做就做的人，不久，养蜂人要去别处赶花期，临走时留下了一小箱蜂，不知是父亲买的还是人家送的。

从此，父亲与守猪圈一样，整天守着他的蜜蜂箱子，看着蜜蜂飞去飞回，父亲的头摆个不停。父亲有时高兴地给我们描述他的发现，以及产了蜂蜜以后怎么样蘸着吃馒头、怎么样冲蜂蜜水喝……

不料有一天发生蜜蜂大逃亡。早上起来，父亲看不见一只蜜蜂出入，打开箱盖子一看，里面竟然空空如也。

父亲沮丧了好长一阵子，先是抓耳挠腮地看书，再是火急火燎地外出请教，后来又重打鼓、另开张。只是这次计划更宏伟了，一次做了好几个蜂箱，再买回一箱种蜂分箱饲养……

半年后，终于成功了，我每次帮父亲摇蜜时，都迫不及待地吃个够。从此，我们家有了送给乡亲们品尝的礼物，有了在集市上热销的产品。生产队领导也把这个能带给人们甜蜜的小飞虫划归到社会主义阵营。父亲由此又多了一个称谓——养蜂的张叔。

父亲干什么也忘不了让我帮他养兔、养鸽子、养狗。可是令人生气的是，不知道村子里到底谁是兔贼、鸽子贼、狗贼。我们养着养着，小偷们就在月黑风高之夜摘了"果子"，我们得到的少，别人偷走的多。好在我在养这养那的过程中，童年多了这样那样的玩伴。

父亲还不断地挑战自己的技能，他好像没有不会干的活。有一年秋季，连阴雨下了一个多月。父亲守在堂屋，不停地用高粱穗捆扎笤帚。他坐在马扎凳子上，旁边有麻绳线轴，有木墩案板，有各式家伙什……此时此刻，他从打算盘的账房先生、缝纫机旁的裁缝、锅灶旁的大厨、养蜜蜂的张叔，又转变成一个扎笤帚的手艺人。雨过天晴时，我家堂屋就堆满了一捆捆新笤帚。

父亲让我用架子车拉着笤帚到集市上去卖。在这之前，我跟随父亲跑过许多次集市，买猪卖猪，买羊卖羊。我上了县城中学，成了中学生以后，再上集市做买卖就有一百个不愿意，可是父命难违，我只好拉着车，在村里找了一个要好的小伙伴，名叫三谋，答应卖了笤帚给他买冰棍，他才高兴地帮我推车，一起赶集。

无巧不成书，我俩在集市上摆开架势，三谋刚刚开口喊了一句"卖笤帚了哎！"，我的耳边就响起一个清脆的女声："张建全，你在干啥？"我回头一看，竟然是我们班的班花张西萍。她家住县城，她是干部子弟！

我支支吾吾地不知如何回答，她也等不及听完，就骑着她那辆崭新的自行车走了。

父亲当过兵，回乡后务农。但我所见，他却一门心思地做着在那个时期所能做的买卖。他以养家糊口为己任，穷尽所能，给奶奶养老送终，助他的一群儿女先后成家立业！

当年过六旬的父亲随我进城生活后，他又用儿女们在他生日时给他的红包，摸索着进了股票市场。在他去世后，我们打印他的股票清单，竟然发现他的股票账户里已有十余万元的市值,与股票凭证放在一起的,还有几张在不同的时间里,他给他长孙汇款的底单。

2020年2月6日于近月台

我和我的母亲

我在参军之前很少照相,所幸的是,在我一岁左右,母亲曾抱着我照过一张全家福。近日,我通过电脑扫描,特意把我与母亲两人的部分截取下来,这样,我便有了一幅无比珍贵的母子合影照片。

照这张相时,母亲才二十八岁,年轻而漂亮。母亲那时既要照顾祖父母,又要拉扯五个孩子,也许生活的重担令母亲无法轻松,以致母亲脸上毫无笑意。而那时的我,那大大的脑袋与瘦瘦的身体显得不大协调,两只眼睛懵懵地盯着前面。

母亲对于我的童年生活不堪回首,每每谈起,她说得最多的便是,那时经常吃了上顿没了下顿,由于她常常吃不上饭,也就没有多少奶水,我便常常饿得啼哭不止……

经历过二十世纪六七十年代的中国人,大概对于那一时期的艰难生活都有刻骨铭心的记忆,我也一样。但我印象更深的却是母亲给予我的关怀和照顾,还有许多快乐的故事,尽管时不时也有些辛酸的插曲。

我小时候贫血,一次与小伙伴玩皮球时还不小心头朝下地栽进了三米多深的防空洞,大人们救我上来之时,我已昏迷过去,过了很长时间才苏醒。从此我便经常头晕,母亲因此格外照顾我。

那时缺吃少穿,家里的鸡蛋多是用来换取油盐酱醋的,平时也舍不得自己吃,可是我却常常能够躲在灶房的墙角,吃着母亲用铁勺熟油偷偷为我煎炒的鸡蛋。家里来了客人,送的点心、糖果,母亲总是把它们藏在我能够找到的地方,我也总会采取蚂蚁搬家的战术解馋,母亲即使发现了,也只是不痛不痒地说我两句。逢年过节,母亲要是煮肉,总会把带肉的骨头撒上盐,让我先啃为快。有时候母亲带我走亲戚，要是哪位女宾说她不爱吃肥肉，母亲便会毫不犹豫地把她跟前的肥肉夹到我的碗里，说："你不爱吃，我儿子爱吃！"我现在见了肥肉就起腻，大概就是那时候吃伤了。

我上小学中学，正值"文化大革命"，上课不正常，我就经常和同伴去县造纸厂搜罗一些破旧书籍来读。母亲只要见我看书，就说我干的是正事，便不催我干活、干家务了，晚上也随便我熬夜。邻居说你儿子太浪费电了，母亲说："我儿子是看书哩！"

我是跟着母亲学会做"买卖"的。我不止一次骑单车带母亲去集市上卖鸡。有一次，我们要卖的是一只老母鸡和一窝小雏鸡。一个买主从六块钱加到七块八块，最后加到十块。母亲见那个人十分心切，执意要价十一块，结果那人一气之下不买了。我们只好懊悔地等新的买主，直到临近散集时，才勉强以八块五毛钱卖掉。母亲为此感到沮丧，她怕回家后父亲埋怨，便让我为此保密。为此，我便把这个买卖故事保密了几十年。

我们家院子里种了三株苹果树，每年摘了苹果，我都会和母亲抬着苹果，沿西韩公路向南，上了坡，在九支渠车站旁边的公路边摆卖。有一次，我们与一个甜瓜摊为邻。也许是我们的苹果太酸，顾客们纷纷去买他的甜瓜，我们的苹果却无人问津。看着又白又香的甜瓜，我对母亲说我也想吃，母亲说："等卖了苹果就给你买。"可是大半天过去，太阳都快西下了，我们连一个苹果也没有卖掉！无奈，母亲笑着过去与卖瓜人商量，说："这位大哥，我想用两斤苹果换你一个甜瓜，好不好？因为我儿子口渴，想吃你的甜瓜。"卖瓜人不仅不给母亲面子，反而说："口渴了吃你的苹果呀！"母亲尴尬得

我和我的母亲

满脸通红,连忙对那人说:"那就算了!算了!"

我不忍心让母亲尴尬难堪,便急忙对母亲说:"我不吃甜瓜了!"说完,抓起一个苹果就吃了起来。"妈,苹果比甜瓜好吃多了!"我偏偏大声说着,那卖甜瓜的人装听不见,但母亲却悄悄抹眼泪。

我小声对母亲说:"妈,我以后一定好好学本事,长大后要有出息,等我有工作了,挣了钱,我就带你到城里去!"母亲听我这样说,声音都变哑了,说:"我儿子有志气!有志气!"

1978年春,我报名入伍,本来县武装部已经决定录取我,不料却被大队长的儿子顶替了。消息传来,我在炕上躺了一个下午,无奈地流泪。母亲本来舍不得我当兵远走,但她见我难过,就去请同村的一个下放干部的爱人广兰婶子帮忙。广兰婶子的丈夫与县武装部刘部长是山西老乡,于是她答应替我把大队长儿子顶替我的事向武装部举报。

当天晚上,我骑单车带着广兰婶子去找刘部长。刘部长见了我们,先与广兰婶子聊了一阵闲话,然后走到一边的电话机旁,给征兵办公室的工作人员打电话,仔细问了我的情况。放下电话后,他又过来让我在他面前站直,平视前方,末了,对广兰婶子说:"嗯,好小伙子嗨,你们回去等信儿吧!我不会让歪门邪道得逞的!"

我于是如愿当兵了。不久,对越自卫反击战打响了,我所在的部队在湖南郴州,离广西前线仅有几个小时路程,母亲嘱咐我要多加小心。后来,我们部队因为是基建工程兵而未去参战,我给母亲写信告知,这才令母亲放下心来。

多年后，我在部队入党、提干，后来转业、进城，最后下海经商，终于实现了少年时我对母亲许下的诺言。可是母亲走到哪儿心就操到哪儿。我少年时在农村拉架子车的时候，她常常为我的身体孱弱而担心。在我进城后开着轿车来来去去时，她又为我的行车安全担心。

二十世纪九十年代初，我从老家农村接父母进城生活，为方便照顾，我在单位附近给父母租了一处民房。我本来想照顾他们的，可是母亲却常常在夜里独自到我住的小区停车场查看，她只有在看到我深夜应酬完了开车回到住处以后，才能安心回去睡觉。事后得知，我既感到温暖，又感到不安。

我结婚晚，生育也晚，母亲催了我很多年，我才在1997年有了女儿。

女儿是母亲唯一的孙女，从小就养成了一个坏习惯，要人抱着才能安睡，只要放她在床，她便哇哇大哭。为此，母亲经常躺在沙发上，让孙女躺在她的肚皮上睡觉。有时候孙女不愿意喝奶粉，而她妈妈又不在家，面对哭闹不止的孙女，母亲情急之下就让孙女吃自己的奶，可母亲哪会有奶水呢？孙女吮着吮着就咬起来了，母亲即使疼痛难忍，可她还是咬牙坚持……

母亲是个超级秦腔戏迷，对那些名角的唱段她都如数家珍。有时她坐在沙发上，看陕西卫视的《秦之声》秦腔打擂台，看着看着就打起盹儿来，还发出轻轻的呼噜声。可当我悄悄关了电视，她又喊："别关！"我不由得笑着调侃："妈，你这是看戏睡觉两不误呀！"

父亲2004年去世以后，母亲起初住在深圳妹妹家，我为此常常放心不下，而母亲也担心我的身体和工作，常在电话里左叮咛右嘱咐。后来，妻子就动员母亲来北京与我们同住。

一天，我见她牙不好，便带她去医院检查，结果发现她十多年前在老家县城花六块钱镶的金属假牙已经因老化而松动了，要换镶新牙。可是一听医生说新牙要花费上万元时，母亲便一再坚持说人老了，能将就过去就算了。见我执意要给她换，她又想方设法少换几颗。想到她用几块钱换的牙竟然将就了近二十年，我心里无比内疚，反而希望再多花一些钱。

又有一次，我和妻子带母亲到医院给她做胃镜检查，回来后她与我聊起她晚年的生活打算时，不无感慨地说："你们两口子给妈做得够多了，这几年你们工作忙，孩子又小，我趁身子还能动的时候就多陪你们几年，等我将来老了，不能动了，我就去你姐和你妹那里，让她俩照顾我！"听了母亲这样的话，我一时心酸不已，便强忍着泪水对母亲说："妈，你就别老替我着想了，你现在身体好，想去哪就去哪。你将来真的老了，行动不便了，我哪都不让你去，我要时时刻刻陪着你！"

转眼之间，母亲来北京又过去了十多年，其间她生病、住院、康复，尽管受了不少病痛折磨，好在都已挺了过来。

尽管母亲年事已高，需要人陪护，但她把照顾孙女当成了头等大事。从幼儿园开始，直到孙女考上中央戏剧学院，再到毕业上班，孙女的吃喝冷热、出门回家，她样样都操心。逢年过节，或是每到周末，她都要变着花样给孙女做好吃的。

我女儿前不久唱了一首歌《西安城》，也录了视频，她在自我介绍中说："大家好，我是可可张可盈，我出生在广东，长在北京，但我是吃着奶奶做的陕西美食长大的，我算是地地道道的陕西女娃……"陕西女娃唱《西安城》，这让常年想念西安、想念高陵、想念十里村的母亲备感欣慰。

眼看就到了母亲的九十三岁寿辰，我想着寿宴一定要邀请会唱秦腔的朋友参加，让她老人家好好开心开心。

2020年3月22日于通州

李甲民叔叔

李甲民叔叔比我父亲年龄小一些，但他们属于同一时代的人。在我父亲眼中，李甲民叔叔是我们岩王大队，甚至是我们张卜公社的能人，是少有的进了西安城工作的有钱人。

从我们十里村往东走三四里路，穿过岩王村，就到小张村。小张村与我们村同属岩王大队，大队有一所小学，校址就在岩王村与小张村之间，它就是我的母校——岩王小学。

我上一年级的时候，班主任常克义老师指定小张村的李六五当班长。李六五长得高，像个孩子王，同学们有些怕他，所以不敢不服从他的领导。

我个头矮小，本应该坐在前排，可是上课时爱做小动作，总受常老师批评，于是我见教室最后一排有空位，就偷偷坐后边了，这样我就与李六五成了同排坐的同学。

李六五比其他同学牛气的地方，不仅在于他长得高，当了班长，还在于他的书包里总有自带橡皮的铅笔，有彩色而精巧的铅笔刀，作业本的质量也比别人好。

我向李六五借他的橡皮、铅笔刀时，每次他都来者不拒。尽管他是班长、少先队队长，我则是没有戴上红领巾的后进学生，但我与他仍然成了好伙伴。

我回家给父亲说过李六五的情况，父亲如数家珍地介绍说，李六五是李甲民的长子，因为是他爷爷六十五岁时得的这个孙子，所以给他取名"六五"。

父亲像是说传奇故事一般，"你甲民叔……"如何如何。

从父亲口中，我得知甲民叔年轻时心眼子活，也不循规蹈矩，什么都爱学，但一般人管不了他，他凭着一股子闯劲硬是闯进了距离岩王大队有七八十里路的西安城。

甲民叔还有几个弟弟，留在村子的就当村长，外出当兵的就提干进城，个顶个的"能行人"。父亲以他闲聊的方式，给我指出了做人的样板。

李六五平时老受常老师表扬，但他也有干坏事的时候。有一回他带同村的几个发小，拔了邻村路边新栽的树苗，结果被老师发现。老师通知了各个家长。甲民叔为此发了脾气，他先是赔了人家树苗款，又让李六五带上他的小队员，扛着已死的干树苗，站在学校操场受罚晒太阳。我由于平时老借李六五的文具，觉得欠他人情，就想过去陪他站，结果又被常克义老师呵斥了一番。

小学五年毕业后，我去县城一中读初中，李六五则去了张卜公社中学初中部。两年后，他也到一中上高中时，我们又碰巧在一个班，他还是班干部，只是改当团支部书记了，我成了他领导下的团员。这时的李六五已经改名叫李治中了。

也许有甲民叔作后盾，李治中长得更高、更帅了，平时衣服也穿得高同学们一档。

七十年代的高中，按专业分工，我们班叫文艺理论班，但实际情况是文艺多于理论。文理班的同学不仅学会了不少歌，还排了不少节目，有秦腔，有话剧。

李治中通常扮演男一号，与不同的班花搭戏，他令我们班的女生为他争风吃醋，也令有的男生心生不快。我缺少演技，于是在他们排练节目时，专心地读各种课外书籍，在《水浒传》中寻找哥儿们兄弟和江湖义气去了。

与其他舞台上的活跃分子不同，李治中的阅读兴趣与我一样，甚至更甚。周末或者假期他会约我去他小张村的家里。令我大开眼界的是，甲民叔在他们那个半是窑洞半是平房的家里，竟然给他儿子装备了一间书房，书架上还有许多我从未见过的书。我就是在他们家借到巴金的名著《家》《春》《秋》的，也许我后来爱上写作，便源于那间书房，源于巴金。

甲民叔是我见过次数最多的同学家长。他对人总是乐呵呵的，还时不时地夸我聪明好学，对我们说："交朋友交爱学习的同学，学习上能互相拉升。"

甲民叔在西安城里工作，像个城里人，平时衣着干净。但他干起农活来，却田里地里、泥里水里一概不怵，这时又像个地地道道的农民。而农村的三百六十行，没有他不会的。

闲聊时，甲民叔常常会问问我父亲的情况，显示他们原来彼此很熟悉。令我印象深刻的是，他从不拿我当小孩看，而是当成大人，许多话由他说出来，听着就很有道理，很舒服。说起他在西安工作令全大队的人羡慕时，他笑着劝告我们："你们只要把书念成了，将来还可以去北京工作。"

高中最后一个学期寒假期间，李治中约我一块上西安城，说到他爸的单位住几天。之前我从未去过西安城，因此，我对此行充满了向往与期待。

一天清晨，我们俩一人骑着一辆自行车上路。刚开始的时候，两人骑得飞快，但过了渭河桥，再过了灞桥，上坡的路就多了，车速也就越来越慢了。再往后，每前进一里都有些受罪的感觉。治中人高马大，应付仍显自如，而我则有些力不从心了。

甲民叔所在的单位，位于西安城西南角的边家村，与西北工业大学是邻居。我们从东北角的十里堡进城，斜穿了整个西安城。到甲民叔的宿舍时，已是黄昏时分。

往后几日，甲民叔安排我与治中脚对脚睡在一张单人床上，给我们买单位食堂的白面馒头和红烧肉，没事了就让我们尽情地玩耍，说："去街道上看看，开开眼界，这对你们将来有好处！"

我们平时在村里，平均一年也看不了一次电影，吃不上几次肉，这回算是赶上了。我们俩吃饱喝足之后，就从边家村俱乐部到光明电影院，一部接一部地看电影，《刘三姐》《六号门》《战上海》就是那次看的。

我与治中还在游逛公园时，照了我人生第一张在西安城里的照片。照片中的我们俩坐在湖边的长椅上，眼眺远方，他嘴角叼着一支烟，而我更甚，手上夹着一支烟，耳根处还别着另一支烟……其实我俩都不吸烟，但那时特别想装大人，想急切地离家高飞，好像吸烟更能让我们感觉长大了。现在回想起来，那时候真是幼稚得可笑。

我通过这次西安之行，认识了什么是大城市；通过看电影、逛公园，也更加向往外面的世界，幻想着将来也能到西安上学、上班。

高中毕业后，治中通过复习考上了师范学院，我则当兵去了南方。几年后，治中上大学时兼顾恋爱，娶了个漂亮能干的媳妇，我则因为想先努力入党、提干，就没着急恋爱结婚。几年后，当我真正提干后，我才下了决心在西安城里找对象。"这事你包在叔身上。"甲民叔笑着对我说，随后马不停蹄地为我忙碌起来。

记得有一回，他约了一个姑娘来他宿舍与我见面。介绍我们俩认识之后，

李甲民叔叔

他就以单位领导有事为由抽身而去，留下我与相亲的姑娘"谈一谈"。

西安城里的姑娘就是比我们村里的姑娘厉害，没说几句话，她就说："你能站起来让我看看吗？我可不愿意跟一米七三以下的人谈对象……"

这句话让我吃了一惊，心想，多亏我的身高还高出她这个标准一厘米呢！我不甘心让一个女子像检查商品一样，你说站我就站。于是我说："那你是不是也站起来，咱们比比个头。"

姑娘倒也痛快，我的话音一落，她就直直站在离我一米的位置，我当然也站定对望着她。

"你有一米六吗？"我问。

"刚好！"姑娘笑着答道。她的情绪说明，我的身高被她验收通过了。

"你身上穿的四个兜是干部服呢还是志愿兵服？"她提出更加势利的问题。

八十年代初，志愿兵制服与干部制服一样，但待遇却有很大差别。前者享受转业后当工人的待遇，后者享受转业后当国家干部的待遇。我当兵三年多提干，如果转志愿兵，其兵龄要满六年才行。

于是我说："我的军龄还达不到转志愿兵的标准。"

"这么说，你确实是部队干部了！"

事后我给甲民叔说了此次相亲的不良感受，甲民叔当时却劝我说，我将来要在城里生活，要慢慢习惯一些人的市民习气。

"你可不要拿咱们村里人的标准要求人家城里姑娘哟！"甲民叔笑着开导我。

这次相亲当然是失败的,除了姑娘说话叫我不悦,还有一个因素,就是她脸上的青春痘比我还多。

甲民叔后来又给我物色过别的对象,也都阴差阳错,没有结果。

多年后,我在北京结婚安家,再见甲民叔时,他高兴得一个劲儿地夸我:"我看你从小聪明好学,你看看,终于当了北京人!"

甲民叔退休后虽然领着西安城里的退休金,但他常住在小张村。令我意外和痛心的是,他有一天骑车上原,到原上的菜市场买了包饺子的大肉,回家途中却不幸遭遇车祸而去世!治中在办完父亲的丧事之后才告诉我,我为此还埋怨他不早通知我,好让我赶回老家为甲民叔送行。

这些年来,每每想起甲民叔的音容笑貌,时而觉得温暖亲切,时而又叫人黯然神伤。

我前年回老家时,与治中一起去甲民叔墓地跪拜,可惜当时赶路仓促,竟来不及备上一束鲜花。今作此文,我想遥寄天国,纪念可敬可亲的李甲民叔叔。

2020 年 2 月 5 日于近月台

我的一封信——给董维常老师

董老师：

您好！

尽管我有您的手机号码，但我还是想手写这封信给您。在我看来，给您说的话，应该一笔一画写出来，这样才显得庄重、恭敬，而有些在电话里不好意思说的话，也能在此和盘托出。

回想起来，我认识您已经有半个世纪了。

1972年初春，我去高陵一中报到，当我看到教师宿舍（兼办公室）门口木牌上写着"董维常老师"的时候，我原以为您是位男老师。

"报告！"我边敲门，边喊报告。"进来！"一声清脆的女声令我意外。我忘记了第一次见您时说过什么，但我却牢牢记住了您的样子。那时您三十岁左右，我十二岁。您个儿比一般人高，留着两根又黑又长的辫子，眼睛大，皮肤白，我不敢直视您，怯生生地低头回答您的问题。您轻声细语地说话，脸上总挂着笑。我开始蛮紧张的，但几句话过后，我就放松下来，感觉自己遇到了一位可亲可敬的班主任。

您不知道，我在张卜公社岩王大队的岩王小学上了五年学，一直是班级里的后进生。当我成为十里村仅有的两个进入高陵县第一中学上初中的学生之一时，我既带着小学时就有的自卑感，又带着打个翻身仗的心思。

新学期一开始就选班干部，班长由张建荣担任，学习委员则是我的同村发小，他们家与我们家是对门邻居。

看到董老师您在黑板上写下班干部们的名字时，不能不说我当时对您是有一点怨气的。为什么没有我？没有我也就罢了，偏偏班长与我的名字仅有

我的一封信——给董维常老师

一字之差，还有我的发小。这让我在与他俩的对比之下抬不起头来。随后不长时间，校团委在我们班发展了第一批团员三名，其中一名还随即升任我们班团支部书记。校团委书记王振杰老师是一位转业军人，他长年穿着没有领章帽徽的旧军装，走路也是标准的军人步伐。当他来我们班给新团员佩戴团徽时，全班同学对台上的三个幸运儿"嫉妒得要死"。

董老师，您好像看透了同学们的心思。随后，您在讲话中要求同学们向新团员学习，向团组织靠拢，说今后条件成熟一个发展一个，不限名额。

我那时心想，既然当不了班干部，那就争取入团吧，否则，我哪还有脸回村，哪还有脸回家背馍呀。

我很快向您递交了入团申请书。

我们班大约有五十个同学，且大多数是来自农村的住校生，每周两次回家背馍；少数家在县城的同学不住校，他们是"吃商品粮"的人，说话大声，笑声四溢，看上去一个比一个牛。

我们住宿的同学，不敢与"吃商品粮"的同学比，但内部却相互比谁的家庭条件好。比较的指标有三条：其一是有没有自行车，是新车还是旧车，车是名牌还是杂牌；其二是背的馍是小麦面粉还是玉米面粉，是白麦面粉还是黑麦面粉；其三是馍袋子里有没有带下饭菜，是咸菜还是辣椒酱。

我在这三个指标上都没有优势。我没有自行车，每次回家返校都靠双腿走路，有时碰到了同村的发小，他会骑车捎上我的馍袋子，而我在他的车后跑步；我背的馍，偶尔有小麦面粉做的，但多数是小麦粉与玉米粉二合一的；我常用罐头瓶装着母亲腌制的咸萝卜，偶尔也有小瓶辣酱，但总要备一包细盐。我每次带的咸菜、辣酱，往往一天半就被消灭掉了。原因是有的同学什么菜都不带，当我打开罐头瓶用餐时，他们就会围上来，我客气一下，他们却一点客气也不讲，于是秋风扫落叶，我就没有了下顿的菜。

没有菜了，我只好用开水泡馍，撒盐而食。好在那时饥饿是常态，人饿了，什么都好吃。

至于穿衣戴帽，那也是同学们暗自比较的项目。我母亲常把别人的旧衣服转做我的新衣。有一款黄布制服上衣，我有三件，每周换一套，可是由于是同色，我就像从来不换衣服一样。

"张建全，你咋就老穿这么一件不合体的上衣呢？"董老师，有一次集合时您突然问我这么一句，引得同学们一阵大笑。我一时无地自容，连辩解的勇气也没有了。

还有一次，学校组织体育比赛，要求大家都穿白色网球鞋上场，可我只有一双洗得有点泛白的蓝色球鞋。没有办法，我在上场之前悄悄用白色粉笔把鞋子涂了一遍，谁知上场才跑了半圈，旁边就有同学笑着喊道："那谁谁谁的鞋子冒烟了！"

说实话，我那时想找一条地缝钻下去，由此也萌生了退学的想法。但当过兵的父亲对我有铁打一般的"原则"："听着，你想养狗，行！你想养兔，行！你还想玩鸽子，也行！但你要是不好好上学，我就打死你！"

我知道父亲的脾气，他是"军中无戏言"。

我只好认真上课学习了，闲了就趴课桌上写写画画。我知道"鲁迅"是周树人的笔名，所以向他学习，也给自己取了个笔名，叫"霞光"。

所幸的是，董老师您关注着班级里的每一个学生。有一次，您走到我的课桌前，拿起我写着笔名的课本，有点儿疑惑地读道："霞光？"

"董老师，这是我的笔名。"

"嗯，好！好！张建全取了笔名，好，这说明你有志气！"

董老师对十二岁的我这么一句夸奖，令我大受鼓舞。我暗下决心，要学习写好作文，不然对不起霞光这个名字，也对不起董老师的鼓励。

男生宿舍是通铺，十余个人住一间屋子，每到晚上大家就吵吵嚷嚷，议论老师长相也是常事。张建荣与我同舍，他作为班长令人嫉妒，但他从来不带咸菜却任意吃其他同学的菜又叫人生厌。他的学习成绩不好，也让同学们瞧他不起，心想：你还好意思？！

我们在议论老师的时候，常常把董老师您和另一个女老师薛慧霞做比较。由于薛老师和您一样，都来自西安市，穿着打扮也比较干净洋气，只是薛老师没有给我们代课，我们没有机会接近她。

同学中分两派，有人认为董老师您长得好，有人认为薛老师长得好。我觉得董老师您亲近学生，而薛老师清高得走路都仰起头，我于是认为董老师好。但张建荣与我相反，他坚持薛老师应排第一。我心里不服，觉得张建荣恩将仇报，董老师那么器重他，他却胳膊肘朝外拐。

有一天我鼓足勇气，想打张建荣的小报告，于是我以"我来承认错误"为由找您。

您笑着问："好，你犯什么错误了？"

我怯怯地说："我们男生在宿舍里议论老师长相。"

"怎么议论的？"

"有人说您长得好，有人说薛老师好！"

"那你认为呢？"

"我当然认为董老师您好！"

"哈哈哈，你们不把精力用在学习上，议论老师干什么？人家薛老师漂亮着呢！比我强多了！"

董老师无意多问，又说："行啦，以后别议论老师了，知道了吗？"

我的计划半途而废，但我在回宿舍的路上反而轻松了许多。不然真打了张建荣的小报告，要是见了张建荣，岂不令我惭愧与不安？

我们班要成立板报组的时候，董老师您指名要我当组长，说看我喜欢写写画画，让我发挥特长。组员有两个，一男一女，只是他俩只能当助手。我一人既画报头，又写粉笔字，还要大小、颜色搭配。

开始的时候，我摸不到头绪，后来我就偷偷去高年级教室偷师取经，很快就掌握了要领。不久之后，我出的板报在学校评比中受到表扬。

也许是出板报有功，我们班第二批又发展了三名团员，这一次，我的名字赫然在列。当我胸前戴上团徽时，我扬眉吐气起来。

人逢喜事精神爽。一天上晚自习，同学们都在静悄悄写作业，我却哼唧唧唱起了样板戏《我们是工农子弟兵》，当董老师您悄悄地站在我身后时，同学们的笑声让我吃了一惊。我准备接受您的批评时，未料您却招呼道："大家静一静，请张建全同学为大家清唱一段样板戏好不好？"

听到哗啦啦一阵掌声，我小心翼翼地从座椅上站了起来，董老师您笑着注视着我,我硬着头皮唱道:"老乡,我们是,工农子弟兵,来到,深山,要消灭反动派……"开始几句,还勉强过得去,最后的高音我唱不上去,就只好变了调,甚至破了嗓子。终于结束时,全班同学鼓掌、叫好、敲桌子,我知道,多半叫的是倒好。我脸红发热,无地自容。这时,还是董老师您帮我解围:"同学们,大家要学习张建全同学的勇气,学习他接受新生事物快,有热情……"

这个意外获得的表扬,掩饰了我的尴尬,也激励了我。我心想,下来要好好练习,以后再有机会,我得好好表现一番。

初二的时候,董老师您被学校抽调到校办工厂,先是养鸡场,再是橡胶厂,而我始终都是董老师您抽调的骨干学生之一。我由此跟您学会了培育"白洛克""来航鸡";学会了操作机床、"热合"工艺、制作菱形橡胶垫圈等。但更重要的是,我在这个过程中,慢慢有了"什么都可以学会"的自信。

1974年底,我的两年初中毕业了,在升入高中时,我以自己有出板报的特长为由,选择了"文艺理论"专业班。这个班五十多个学生,大多偏重文艺,不是爱唱歌,就是爱跳舞,要不就吹笛子、拉胡琴,喜欢"理论"的仅有三五个而已,我算一个。

高中两年中,我除了出板报,还要给校广播站写广播稿。我当班干部的希望落空,却因校广播站常有"张建全的来稿"而暗自高兴。语文开卷考试的作文,我往往第一个交卷,以至于成为同学们传抄的对象。

1978年春,我参军到了部队。在新兵连,我因写了一篇散文习作,而被团政治处干事梁敦宁发现,他就此推荐我为"宣传股重点培养的写作苗子",

我先当了一年文书，后来调到政治处，当了新闻报道员。三年后，我因在《解放军报》《基建工程兵报》发表过为数不少的优秀稿件而获奖，也因此成为"优秀战士"，且获得直接提干的优待，成为穿上了"四个兜"的军官。

六年后，我转业当了国企的党委秘书，业余写作小说、散文、诗歌。当我的作品变成铅字，发表在报纸杂志上，或结集成书时，我的确有一种打了翻身仗的感觉。

我想看望董老师您，您总是鼓励我、表扬我，让我在少年时代有个相适应的学习与锻炼的平台。

五十年光阴如风飞逝。当我以花甲之龄回顾过去时，我要说的是，倘若一个人没有在少年时代打好基础，那么往后的一个个台阶，他也许是上不去的。董老师您是我的启蒙老师，我庆幸在十二岁时遇到了您。

谢谢您，我敬爱的董维常老师！

此致

敬礼！

您永远的学生　张建全

2022 年 8 月 22 日于北京日坛

老邻居

我们高陵县人常常骄傲地自我夸耀说:"高陵县是陕西省的白菜心!"

高陵县张卜公社岩王大队总共有八九个生产队,第一生产队就是我们十里队。但我们十里村人不习惯说十里队,而习惯说十里村,或者说我们村、我们队,又或者说村里、队里、村上及队上。

十里村以积水渠为界,渠北自西向东一字排开,共有十多户人家;渠南也一样,只是不到十户。我家在渠南西头第一家。后来搬来一个邻居,我家成了西头第二家。

这个邻居把我父母叫大哥大嫂,我父母和村里人都称呼他鸡娃,于是我就叫他鸡娃叔。

村里还有辈分不同的人叫他鸡娃哥、鸡娃伯、鸡娃爷的。谁叫他,他都乐呵呵地答应,好像他蛮喜欢这个名字。

当然,他也与人吵过嘴、骂过架、打过仗,情急之下,有人骂过他挨千刀的鸡娃、狗日的鸡娃、一辈子打光棍的鸡娃!

我在长大后才知道,他其实有一个庄重而大气的名字——李大山。当我以他为主人翁写这篇散文的时候,我相信他也希望我行文时能用他的大名,那我就在此叫他大山叔吧。

大山叔是小时候随父亲走出终南山,到关中平原讨生活来的,他父亲突然在乞讨的途中病故,十里村人见他一个孤儿怪可怜的,帮他安葬了父亲,就收留了他。先安排他暂时住在饲养室的牛马料房里,后来帮他在我家西隔壁盖了一间瓦房,大山叔就此成了我家邻居。

在我还穿开裆裤的时候,大山叔已是大小伙子了,长得又高又壮,身上的肉黑乎乎的，一疙瘩一疙瘩地鼓着。记得他挺爱剃头，头顶经常清光清光的。见了我，总用他的大手拢住我的双臂："快，叫叔，不叫就不放你。"我乖乖叫道："鸡娃叔——"可他并不放，又抱起我转圈，然后放下，一见我晕得东倒西歪，他就乐了。后来远远见他走来，我就拔腿而逃。

大山叔算是队上的精壮劳力，他也很勤快，长年四季在队里干活；就是下雨，他也能在队长那儿找一些诸如给饲养室铡草、出圈粪之类的活计。那年月，虽然劳动日值只有几毛钱，但积少成多，加上他节俭，竟积攒了好几百元。村上人取笑说："鸡娃拼命攒钱是想要媳妇哩！"大山叔听了，就嘿嘿直笑。

有一年村里有名的媒婆王婶，把她娘家侄女介绍给大山叔，送过大礼，开了酒席，亲事就算定下了。冬腊月间，大山叔高兴得活蹦乱跳，又是找人帮他刷房，又买新衣服，晚上有事没事就来我家，问我母亲这个礼那个仪的，末了少不了说："嫂子，你可别怕麻烦，到时兄弟请你坐上席啊！"母亲听了笑说："不怕，不怕，只要兄弟你娶上媳妇，嫂子以后也少操一份心了。"

原定正月初娶亲的，不知为何，正月里总是见到别人的迎亲队伍披红挂绿、热热闹闹地从西韩路经过，就是没有见大山叔媳妇的影子。村上人都骂王婶缺德，骗人家孤儿钱财。

此后很长一段时间，大山叔整天无精打采，头发、胡子直愣愣地冒出来，也不见他刮剃。没事的时候，他就躺在床上，抱着一个旧收音机听秦腔。

村上人见他这样，有的说："一个孤儿，怪可怜的，也该有个媳妇了。"有的又说："谁还愿意把女儿嫁给她？就那么几个血汗钱，全折腾没了，现在要啥没啥的。"

开春后农活慢慢忙了,大山叔一干起活儿来,就把心事忘了,别人提及此事,他也只是闷声闷气地说一句:"啥人有啥报!"

这年冬月的一天下午,大山叔匆匆跑来对我母亲说:"嫂子,帮我准备几个菜吧,今晚东村的杨柳叔带人家姑娘来见面。"

那天晚上,大山叔换了一张新炕席,把我家的小饭桌搬去放在炕中央。母亲在家把菜做好,让我一个个送过去,摆了一桌子,还温了一壶西凤酒。

过不多会儿,果然见两个男人带一个姑娘来。那姑娘穿着花棉袄,用红围巾把头包得严严实实的,只露出半张脸来。大山叔慌忙招呼客人进屋,四个人脱鞋上炕,盘腿坐在炕桌周围。

"杨柳叔,你看,我这儿没啥好东西招待你……"大山叔偷着瞅了姑娘一眼,然后怯怯地对年老点的男子说。

"这话你说到坡里去了,这不蛮像回事嘛!"杨柳叔说话大声大气的,大山叔听着,不好意思地嘿嘿笑了。

来人推让一番,就匆匆动筹子吃了起来。大山叔给客人斟酒、夹菜,杨柳叔和同来的男客一边吃,一边天上地下地瞎聊。姑娘闷不作声,自个儿吃喝,那紧紧围着的头巾甚是不便。

大山叔羞怯地对姑娘说道:"在家,取掉围巾利落些。"姑娘低头无语。

叫杨柳叔的男人赶忙一边解释:"她这两天着凉感冒了。"姑娘微微笑了笑,随即低下头。大山叔静静看着,不好意思地笑了,随即又端起酒壶:"杨柳叔,侄儿再敬你一杯。"

吃完酒菜,来人起身要走,杨柳叔最后只吩咐说:"鸡娃,赶明儿给你回话。"

过了半个多月仍没有消息。我母亲见了大山叔就问:"兄弟,做菜的时候想到你嫂了,事成与不成咋不见你言传一声?"

大山叔没好气地扭头骂道:"姓杨的那老东西不是人!"

不久,村上人传出一则笑话,说东村某某人男扮女装,与姓杨的瞎怂合伙,白吃了鸡娃一顿酒菜。

此后大山叔变成另一个人似的,只知干活,半天不说一句话,头发、胡子又不刮剃了,也再没听说他相媳妇的事了。

我去县城读书住校,有一个周末回家,见大山叔门前坐着一个衣着破旧的女人在洗衣服,母亲告诉我:"那是一个从山里逃荒来的寡妇,名叫喜莲,到村上挨家挨户乞讨时,你大山叔收留了她。开始你大山叔搬去饲养室草棚住,后来两个人就在一起过了。"

对这事,村上人老是拿大山叔调笑。

"甭看鸡娃不言不语的,实际上艳福不浅哩!"

"喜莲来路不明,说不定把你吃穷了,趁你不注意,把你的家当卷走了。"

大山叔不管这些,仍与喜莲高高兴兴地过活着。

大山叔从前屋子又脏又乱,吃饭也有一顿没一顿的,喜莲来了以后就变样了,有时做顿家乡饭,大山叔还端送给我家一碗,高兴地说:"尝尝喜莲的手艺。"

可是没过多久,大队、小队清查黑人黑户,喜莲就再也待不下去了。虽

老邻居

然一拖再拖，东躲西藏，最后还是被遣送走了。走的时候，喜莲死死抓住大山叔家的门框，哭得泪流满面，几个民兵硬是把她架上停在路口的卡车。大山叔也哭了，他把一袋白面和借我家的二十元钱、十五斤粮票急匆匆交给喜莲。村上人见那情景，都挺心酸的，从此就不见有人开大山叔的玩笑了。

我在外地工作的许多年里，再也没有听到关于大山叔与喜莲的消息。

有一年，我携妻子回老家探亲，见到大山叔，他已经是六七十岁的人了，脸上爬满了核桃皮一般的皱纹，背也驼了，走起路来慢悠悠地，衣服也褴褛不堪。

那天乡亲们来看我，他也来了，我忙给妻子介绍说："这是邻居大山叔。"妻子送糖过去，他竟双手颤抖，嘴里连连道："甭客气，咱是邻居，甭客气！"

乡亲们走后，母亲说，自从喜莲走了以后，你大山叔就再也没心思好好过活了，整天懒懒散散的，吃饭也没准，人就日渐显老了。起初几年，半夜里常听见他的哭声，后来又常听他自言自语："人活着到底有啥意思！"

我的假期完了要走的前一天夜里，我悄悄找到大山叔，对他说："你咋不进山找她去？"听了这话，他泪水竟涌了出来，半天才叹息道："晚了！"

我不知道什么叫晚了，但他那悲伤、幻灭交织在一起的眼神，使我愕然产生一种震动。

从此，大山叔不再张罗着娶媳妇了。过了好多年，他收养了一个成了家的干儿子，这个干儿子也是从山里来的，想通过大山叔的收养关系在十里村安家，中间人从中说和，人家同意为大山叔养老送终，大山叔也想着晚年有人照顾，于是便搭伴成了父子。不过半年，大山叔就升级当了爷爷。

可惜的是，有人照顾的日子没过多久，大山叔就去世了。村里人说起大山叔，有的说，大山叔临了儿有儿有孙，总算李家有后了；还有人说，大山叔也没享多少福，儿子毕竟是半路上来的，说不定哪天那儿子孙子一道会改回人家原来的姓，李大山最后还会断根。

大山叔作为故乡里的故人，我有时仍然会想起他，而每到这时，心里就多了一份沉重。

2020 年 3 月 12 日于北京

乡村四季

在离开了生活过十八年的十里村以后，十里村的四季成了我脑海中的一幅幅图画。我想试一试，用这篇粗拙的文字，再现我难忘的乡村。

春

当山坡下、渠岸边的柳枝泛绿的时候，整个冬天都趴在田野的麦苗也开始返青了。燕子这会儿一定会回来，它的身影总是一闪而过。尽管它会到我家屋檐下衔泥筑窝，但它不会像麻雀那样，什么时候都叽叽喳喳。

桃花和杏花是抢着开放的，白的、红的、粉的花色，就像是树爸爸和树妈妈给它的孩子挑选的衣服，在早晨的阳光下是那样崭新、那样鲜艳、那样诱人。

"啊，桃花开了！啊，杏花开了！"人们一边赞叹着，一边把鼻子凑近花朵，"好香啊！好香啊！"总有人难抑兴奋之情。

这时，那些树下的鸡呀、鸭呀、鹅呀，也正在兴高采烈地舒展着自己的腿脚呢。

猫和狗就更欢畅了，肆意地跑，狂妄地跳。

水渠里的水面破冰不几天，鸭子就骄傲地跳入水中，大概只有它们才能享受冷水下面的美味。当鸭主人吆喝它们上岸回家时，那些在水中忘情的鸭子头也不回，仿佛在说："我们还没有玩够哪！"

蝌蚪像墨汁一样，悄悄地顺水而下，每到这时，我们会用脸盆把它们打捞上来。

那洋瓷脸盆是白色的，水是透明的，蝌蚪一身黑衣，像是在水中跳着芭蕾，等我们玩儿够了，就把它们又倒回水渠中。也许它们会埋怨我们耽误了它们的旅程。

槐树、杨树等所有的树随后出新叶了，就连路边的野草也慢慢地给大地披上绿装。乡亲们渐渐脱了厚厚的棉衣，享受春节过后最轻松的季节。就是下地干活儿也显得急切切的，因为春天的土地仿佛也在呼吸着新鲜的空气。

那些大喉咙粗嗓子的男人猫过了一个冬天，双手早就痒痒了。他们摩拳擦掌，不是收拾春耕所需的农具，就是在牛圈马圈出粪。父亲常常一边感慨"一年之计在于春"，一边对我讲只有搞好春种才能迎来秋收的道理。

母亲自有她忙着的高兴事儿，她与那些大婶子、小嫂子找桑树，采桑叶。显然，又到了养蚕的时节。开始，蚕籽如同芝麻粒一样粘在报纸上，母亲用棉布把它们轻轻包住，然后小心翼翼地装进内衣口袋，通过体温孵化它们。三两天后，那小线头一般的蚕宝宝就破壳出世了。这时，母亲早准备了一个个小盒子，里面备好了嫩绿嫩绿的小桑叶。蚕宝宝刚被扒拉到小盒子中时，只见桑叶不见蚕。过不几天，蚕宝宝身体就变粗变白了。再大些时，母亲就给蚕宝宝搬家，小盒子换成竹筛子，桑叶添了一遍又一遍，筛子也由一个两个变成三个四个……那一阵子，我们家成了春蚕的世界。

"你听听，看你能听见蚕吃桑叶的声音吗？"母亲这时显得蛮有成就感呢！

当春蚕长大变老，自己爬上竹筛边上的麦秸捆、吐丝作茧时，父亲一边帮母亲忙活，一边还会给我讲解"作茧自缚"的成语和"春蚕到死丝方尽"的古诗。

春季里，小学校的文艺活动格外多，那只高高的喇叭时常传来亲切的歌儿："小燕子，穿花衣，年年春天来这里……"

村子里女娃们喜欢的玩意儿，无外乎是踢毽子、跳皮筋。要是去了田野，见到蝴蝶，她们会高兴地去追，但蝴蝶却有着高超的闪避脱逃功夫，当追它的女娃不小心摔倒哭叫的时候，蝴蝶会恶作剧似的，一闪一闪地又飞向另一处花丛。

我们这些"准男子汉"玩的都是带劲儿的，摔跤、打垒球、对拐子、撞马架，要不就滚铁环、打弹弓、比赛上树。

各家大人当然是我们玩耍时的观众，他们一双双眼睛和一声声"加油"的叫喊，常常让每一个参赛者拼命都要争出个输赢来。可笑的是，有一回我们比赛上树，铁蛋穿着一条破裤子，情急之下抱着树直接下滑落地，结果裤裆被树杈划破流血了，半个月不能站直走路。

夏

夏天的麦苗仿佛忽然就黄了，黄鹂鸟这阵子会越过麦浪，在飞过村庄的时候，拼命地鸣叫"算黄算割，算黄算割"。它是提醒人们——割麦的日子到了！

大人盼望收割就像小孩盼望过年，这时早就磨好了镰刀、修整好晾晒场。那几日，大地是金灿灿的，小伙子们生龙活虎，挥汗如雨。如果有陌生的面孔，那一定是赶场子的麦客。他们的一招一式就像舞蹈一样，动作熟练整齐，人朝前走，身后便是一捆一捆可爱的麦垛。

也许只用三四天时间，脱粒、晾晒、淘洗、磨粉之后，家家户户就能吃上面条、锅盔、馒头、馅饼、饺子等等。那散发着新鲜麦香的吃食，既是大地的杰作，也是父老乡亲的奖章。

收割完小麦，随之种上玉米后，就到了乡亲们称之为"忙罢"的时节。于是，"看忙罢"成了一个古老的传统礼节。通常出嫁在外的姑娘们会带着丈夫和孩子回娘家探亲，而且要带上新麦面粉蒸好的红糖包子。

要是谁家添丁有喜了，是男孩，通常会收到扎实的祝贺与羡慕；要是女孩，则会收到安慰性的调侃："啊，你将来不愁没有糖包子吃了！"

夏天的知了牛仿佛没有闲着的时候，它们纷纷从地下爬出来，趁着夜色悄悄地上了树。但是，我和伙伴们会用手电筒寻找入夜就忙着上树的倒霉蛋子，抓住它，一个、两个、三个……我们会把它们放进竹筐里，个别幸运儿会从缝隙大的地方逃生，不幸的就会"壮烈牺牲"！

当然，知了牛大军是谁也阻挡不住的。不用几天，方圆多少里的树上就会爬满土黄色的知了牛，一夜之间，又都脱壳变蝉，衣服也变成青黑色的了，泥土随之留在了一捏就碎的壳上。现在的它已纤尘不染，那翅膀亮得好像是高级玻璃纸制成的。它们永不停歇地鸣叫着，像乡村夏天年年都有的交响乐。

秋

原来在渠水中跳舞的蝌蚪，这时已长大成蛙，它们分享着水渠两岸野草下面的阴凉。白天默默地消暑，入夜有了凉风，它们则开始拉歌，你方唱罢我登场，此起彼伏，夜以继日。

我问过父亲，青蛙唱歌儿使那么大的劲儿，会不会把腮帮子鼓破呢。父亲笑着反问，你见过屎壳郎被熏死吗？

苹果红了，秋天也过去了大半。有人拉着架子车，车上装着甜瓜、西瓜叫卖："红沙瓤、赛冰糖，门扇大的豁豁子……"喊声越来越近，喊着喊着就进了村子，于是张家抱了两个走，王家抱了两个走，有人用钱买，有人用粮换。有时发生争执，那卖瓜人是外来的，不敢生硬，有时就得因为瓜的生熟斤两，给人家吃亏了的买家再切上半个西瓜；也有人仗势欺人，这时村里长者就会被人请来主持公道。而长者的尊严在于一碗水端平，他出面说话，只要话说完了，握手言和的多。我们村有个好名声——厚道、讲理、好客，想必这正是长者要维护的口碑。

我跟母亲去棉花地里摘过棉花，本来绿油油的棉花地，这会儿已由绿变褐，雪白的棉花挂满了枝头。一朵朵摘，一筐筐装，一车车拉。

玉米先是吐了红缨，再是结棒灌浆，等一尺长的棒子头上鼓出了玉米粒，收获的日子就近了。玉米秆儿像是玉米年迈的父母，等玉米棒离开了它的怀抱，它就干枯了，衰竭了，被砍倒、扎成捆儿，拉回各家，最后成了冬天里必备的燃料。

月亮最喜欢秋高气爽，她常常悠闲地看望我家的小院儿。父亲喜欢在院子中间摆放一张小木桌，吃着茶点，拉着闲话。月亮有时会悄悄地从高空探下身子，趴在我家墙头。也许父亲曾经当兵的故事总是太长，我往往会在院子地上铺的草席上睡着，而那肉鼓囊囊的癞蛤蟆，有几次竟趁机骚扰了我。

母亲在房前屋后种了南瓜、丝瓜、西葫芦，它们贡献了一个季节鲜嫩的蔬菜，那藤蔓爬上爬下，这时也开始变老，而母亲特意留下的种瓜显得格外的大。

母羊下羔，雏鸡出窝，老鸡带着一群儿女觅食时没有禁忌，它好像自豪于自己成功地当了鸡妈妈。它们这时获得的吃食比平时要丰富得多，而凌晨打鸣的公鸡，只能远远地看着它的妻子儿女。

"小河的水清悠悠，庄稼盖满了沟，解放军进山来，帮助咱们闹秋收……"十里村广播站也许只有一张唱片，每天一歌唱小河，每月一歌还是唱小河，我就是在放羊的时候听会了这首歌的。

秋末时，我家远近闻名的柿子树就会掉光叶子，红彤彤的火晶柿子会遮住半边天。父亲照例会请村里年长的人过来品尝，但喜鹊不讲人礼，它们仗高欺人，树梢上的佳果被它们分享完了不说，还把果皮烂酱弹到我们的头上！

我用弹弓瞄准欢叫的喜鹊正要打时，却被父亲拦住，他说："喜鹊是益鸟，它们带来了吉祥呢！"

冬

开始有大雾了，棉衣就悄悄上身。清晨上学的路上，有时雾中会突然钻出一个人来。他用铁锨挑着竹筐，筐里装满了牛粪和马粪，那马蹄声时近时远。

霜也跟着来，田野里没有庄稼时，深夜会成为大雁的宿营地。大雁起程飞走后，会留下干净的粪便，通常只有勤快的老者，才能抢先把雁粪收进自家的肥料堆里。

我只在天上看过飞向南方的雁阵，它们或者排成"一"字，或者排成"人"

字。它们的队伍整齐地向前飞，竟然显得那么从容、那么高傲，下面的村庄、平原、河流，它们都无暇顾盼，只是向前、向南，徒留我们一双双仰望的目光。

也有失散了的孤雁，一只或两只，它们行色匆匆，叫声凄厉。每当这时，父亲可能会爆一句粗口"狗日的！"。他说，总有人猎杀大雁，大雁受伤了，就赶不上队伍了，多半会死在路上。"雁通人性呢！"父亲可怜那凄叫的孤雁。

在天上大大地写上"一"字和"人"字，大雁用它特殊的身体语言，在告诉我们什么呢？

当各家各户菜窑里储存满一个冬天需要的白萝卜、红萝卜、大葱、蒜苗、红薯、白菜时，雪花就悠悠然地来了。有时显得吝啬，细末儿一般的雪一落地，转眼就不见踪影。

但总有鹅毛大雪铺天盖地的时候。"飘雪花了！""瑞雪兆丰年呀！"

我们在雪地里奔跑，打仗，堆雪人儿。远处的山是白的，附近的屋顶和树枝全都盖上或挂上棉花一样的白雪。总有人这会儿会大声朗诵："北国风光，千里冰封，万里雪飘……"

兔子是害怕大雪的，它每一次跳动，都会陷入厚厚的雪里，于是狡兔变成了憨兔。一个村的狗这会儿会被集中起来，足有二十只，方圆一二十里的田野，顿时变成了天然的猎兔场。那场面太壮观了！这时的英雄是那只跑得最快的长腿狗，它叼着兔子回来时，狗主人像将军一样威风。

麻雀与兔子一样，也是讨厌大雪的。饥饿会让一群麻雀钻进我们特设的机关中，我们在暗地里观察，当麻雀在筛子下面忘情地抢食时，我们拉了长绳，于是麻雀成了我们的猎物。

腊月和正月接踵而至，大扫除、蒸年馍、备年货，当家家户户贴上红对联、挂上红灯笼时，"过年"的狂欢就开始了。

最期待这些日子的人，一是不懂事的小孩，二是懂事了的青年。小孩子们盼着穿新衣、放鞭炮、拜大年、收红包儿；青年们则盼着早点相亲、见面，找到意中人。于是，总有牵手成功的一对对新人走村串巷，那衣服是新的，自行车也是新的，进村时端庄含蓄，小心推车慢行，等出了村口上了大路，就见一哧溜，女子屁股刚跳上后座，车就飙出好远，留下一串咯咯咯的笑声。

即使平时不怎么正经说话的人，只要他（她）成功地做了红娘，也会在婚宴的上席正襟危坐，一脸端庄地接受新郎新娘敬上的香烟和热茶。

正月里，照例是唱大戏的好时节，舞狮子、踩高跷、吼秦腔、唱眉户，村村有广场，镇镇有戏台。元宵节那一天，更是各路英豪的大舞台，每年都会涌现新的叫得响的角儿。

我时常怀念我的故乡，她在关中平原，渭河北岸，白蟒原下……

2020 年 3 月 14 日于北京

第二章

军旅

在湖南当兵

1978 连队的夏天

哥儿们罗曼事

与豫之缘

再见已过四十年

在湖南当兵

谁说往事如烟？往事就像一棵棵树，深深地扎根在人的心里边。

1978年初春，陕西关中平原还没有走出冬季的寒冷，我便高兴地穿上了绿色的军装，与三百多名关中子弟一起，在三原县火车站登上了接兵的绿皮闷罐列车，前往我们向往的部队所在地——湖南。

列车走走停停，耗费了三天两夜的时间。当我们疲惫地跳下火车时，每个人的手脚都有些麻木了，站也站不直，好一阵子才恢复正常。原因是车厢太小而人又太多，相互拥挤在一起，身体便没有了舒展活动的空间。有时因为列车一会儿快，一会儿慢，或者紧急刹车，人还会因惯性而挤作一团，每到这时，战友们便不由自主地大呼小叫……

在列车沿途不知名的兵站用餐，也只有短短的几分钟时间，而且还要完成刷牙、洗脸、吃饭等一系列动作，紧张得跟打仗似的。

下了火车又转汽车，翻山越岭地行走，最后在一个午夜时分，终于到了一个山沟的营区下了车。这就是我们的新兵连驻地，听军号响起集合，先由连长方水生点名，再由指导员蒋三铭用他带着四川口音的普通话讲话。尽管有些语句听不懂，但我们还是知道了我们所在的部队番号，而我们当下所在的新兵连地址是——湖南省邵阳地区洞口县804厂。

第二天，班长安排新兵们写家信，说寄件地址要保密，不能如实写，而要以"湖南省长沙市××信箱"代替。

我们同一批新兵，绝大多数来自农村，分属陕西高陵县、三原县、户县（现陕西省西安市鄠邑区）。战友们当然希望部队营区离大城市近一些，而长沙作为省会城市，自然就成为战友们共同向往的地方。

大家议论说，这"长沙市××信箱"，可能是按距市中心远近排序的，如果当真如此，那么既然排在七十多名，就说明我们新兵连驻地离长沙市中心不会太远。这个分析符合大家当时的愿望，于是大家高兴地议论着，说找机会一定去湘江大桥上看一看，一定要看看毛主席生活过的地方……

后来我们从带兵班长的嘴里才知道，邵阳离长沙还有好几个小时的火车里程，而洞口804厂离邵阳火车站也还要坐一个多小时的汽车才行。

尽管我们驻地离长沙市实属遥远而不免令大家失望，但是偏远的洞口县满目的青山绿水还是令战友们兴致勃勃。一大群见惯了关中平原的"陕西娃"，对湖南的山水风光备感新鲜，这样就促使我们很快喜欢上火热的军营，喜欢上草长莺飞的湖南。

刚刚入伍的新兵，每一个都是第一次离开爹娘远行，穿上军装后的喜悦心情随着离家的时间慢慢变淡，很快就被想家的情绪代替。

好在我们的驻地804厂很大，整个山沟都有星罗棋布的厂房与宿舍，还有会堂、洗澡堂、小卖部等。厂里年轻的男女工人穿着也很时髦，与大城市没有两样。姑娘们的连衣裙露出了小腿肚子，那可是当时令我们不敢直视的发现。

新兵连的训练十分紧张，连长、指导员在大会上反复说，我们必须在两个月的集训中，完成一个老百姓到革命军人的转变；还说，一个军人，站，要有站的样子，行，要有行的姿势。为此，要我们吼着记住一个口诀："革命军人，站如松，行如风，坐如钟！"

让人惊心动魄的是军事科目，即打枪投（手榴）弹训练。不久前还在村子里拿镰刀割草的我们，现在却要打步枪、打冲锋枪、打机枪、投手榴弹，那嘭嘭声、爆炸声，既紧张刺激，又充满了成就感、满足感。

我是在完成了两个月的新兵集训之后，被分配到位于邵阳市郊的3营12连；半年后又被划拨调入位于郴州地区资兴县（现湖南省资兴市）东江水电站的4营15连，改当连部文书。

在这期间，有一件令我郁闷的事。我们连长王宗来由于文化程度有限，全连一百多个战士的名字他认不全，连队集合点名时竟闹出笑话。比如点到"陀明郁"时，他会读成"它明有"；点到"芮大赫"时，他会读成"内大赤"。陀明郁和芮大赫疑惑之下不喊"到"，连长会当场斥责他们，而陀、芮两人满腹委屈地表示"不知道点的是自己的名"，这时，队伍中有人忍不住吵吵，尴尬之下，连长会转过头来朝我发火："文书！你搞什么名堂呀！"

连长不仅不为自己认字太少而歉疚，反而责怪部下，我不知如何是好时，指导员李国栋却微笑着给我支招说："你用同音字代替，给连长抄一份专用的花名册不就得了？"

我于是把陀明郁、芮大赫改成托明玉、任大黑，又提前让连长确认不会有生字，才算完成了任务。文书是生活在连长、指导员身边的人，受到的批评最多，但得到的进步也最快。在不到一年的时间里，作为连队党支部书记的李国栋指导员，就发展我加入了中国共产党，我成了一名预备党员，而且还被党支部确定为三个干部苗子之一。

又过了半年，我由政治处干事梁敦宁推荐，被团机关上调到068基地的团部政治处宣传股，当了新闻报道员。

在湖南当兵

我们部队承担航天部068基地的工程任务，所以部队以连排为单位，分散在068基地在湖南各地的项目上。我也因为不定期的下连采访，经常往来湖南各地。

我的第一篇新闻报道来自对洪江市三营预加连的采访，而且是在宣传股副股长袁国新的帮助下，发表在《基建工程兵报》上的；而我的散文《春节》，也作为我的文学处女作，发表在洪江市《山泉》文艺月刊上。

一篇通讯，一篇散文，令我一下子成了团部的"小秀才"，副政委刘震云下连视察指名带着我。我们从邵阳乘火车前往怀化，在火车餐车上，我发现乘务员胸前佩戴着"学雷锋标兵"的红色小标牌，于是灵机一动就报告副政委："报告刘副政委，我想采访一下这位列车员，可以否，请指示！"

副政委笑笑，说好呀，你也锻炼一下采访能力。

快下列车的时候，我完成了一篇不长的报道。

交给列车员看的时候，她那漂亮的脸蛋一下子泛红了。"我没有你写的那么好！"她羞涩而又谦虚地说。

为了以后投稿的事，我与列车员互相留下了通讯地址，但稿件因不符合《解放军报》的选择要求而被退稿，我因此也不好意思给列车员写信。

其实，我是被年轻而娇美的列车员打动了，可是当时我的"战士"身份只能让我暗暗喜欢罢了。

1980年春节过后，我随部队移防北京，就此结束了我在湖南最初的两年军旅生活。

尽管只有短短的2年时间，但湖南在我心里的分量却十分重。要问原因，我常用"青春梦起始湖南"来解释。尽管陕西家乡养育我十八年,但那十八年,却时常让少年的我对前途与命运充满了迷茫之感,也因乡村生活的艰苦而产生过许多无奈与无助之叹。反观湖南,我头顶上的红五星,领章上的小红旗,仿佛为我的人生指明了方向,心里什么时候都感到充实与满足,工作上仿佛有用不完的劲儿。

我的军旅生涯在满六年的时候结束了,几经辗转之后,我安家在了北京。在几十年漫长的人生路上,曾经的湖南,时而远,时而近,但不管是远是近,我对她的思念却随着年岁增长而日渐浓烈。

2012年,我陪同老首长燕立志回湖南故地重游时,自北京西客站一上火车,便激动不已,就此写了一首打油诗——

> 列车向南奔长沙,
> 耳边响起湖南话。
> 老来只觉湘乡好,
> 忘己曾为陕西娃。

我们到长沙后,转业到当地工作的湖南籍战友李年谷干事热情地接待了我们,随后又陪同我们回了隆回团部和洞口804厂。这时的团部与804厂均已人去楼空。尽管房屋场院还在,但几十年风吹雨打,这时房舍已破败不堪,昔日的操场上,荒草高至腰际,草丛中那受惊的麻雀与野鸡啪地飞过……

那天下了小雨,我的泪水与雨水交织在了一起。归来的路上,我在心里默诵——

> 三十年后故地游，
> 邵阳隆回及洞口。
> 山高水低景未改，
> 不见首长和战友。

不见首长和战友！是啊，从古至今，营盘是铁打的，兵却如流水般，后浪推前浪。我在全国各地都能找到部队的战友，但令人伤感的是，我即使找到了，哪个战友也不可能是当年的模样。见面就是感动，感动过后就是伤心，虽可以畅饮抒怀，但一说起当年往事，又可能是酒水与泪水一样抛洒满地。

谁忘得了青春？谁又忘得了湖南？

2022年5月3日于长沙

1978 连队的夏天

曾经每天必须穿的军装还挂在衣柜，曾经每天听着的军号还萦绕耳际，猛回头，我离开新兵下连的年份，已经过去四十四年了。

1978年夏，我结束了新兵集训之后，分配到352团12连1排2班当战士。

我们部队归属中国人民解放军基建工程兵第36师。36师承担着航天部在陕西、湖南、四川等基地的施工任务。湖南基地代号是068。

068基地814厂位于邵阳市郊区，而我们连的任务就是承担814厂一个地下组装车间的土建工程任务。

当我们连分乘十多辆解放牌大卡车出了邵阳市，车队像一支威风凛凛的长蛇阵，在湖南的山区公路上行进，时快时慢，时而上山，时而下山，时而平稳得令人昏昏欲睡，时而又颠簸得如同风浪中航行。我们抵达814厂后，却发现814厂还是一片长满荒草的山坡地。战士们各自背着背包，跳下车，听连长刘登国点名训话——

"同志们，大家都看到了，我们脚下这片荒地，就是我们的阵地，我们的战场，也是我们的营房……"

我心里纳闷，眼前除了一排熄了火的大卡车，就是我们这一百多号人，房是没有一间呀！

战友们窃窃私语："住哪里呢？"刘连长激情不减："天就是我们的房，地就是我们的床……"

听完连长的讲话与安排，我们便以班为单位，在回字形布局的场地上，搭了临时地铺，这时班长命令："就地休息，天亮时临建材料就到，明天一天就能搭好营房,晚上乔迁新居……"这时天已很晚,炊事班的野炊一时半会儿还难以开灶,于是战士们只好用两块饼干、一牙缸水打发了当天的晚餐。

次日凌晨,薄雾缭绕之中,炊事班便在山坡地灶上蒸了大馒头,还做了尖椒炒肉丝,外加蛋花汤。在那个饥肠辘辘的早晨,那个早餐的味道美妙绝伦,至今都叫人难忘。事后我时常还想寻觅那个味道,但始终难以如愿。如今我算明白了,任何食物要是以食用者的饥饿为前提,那味觉的好感度都会节节上升呢!

我们工兵连搭建简易营房太有经验了,我们班长听说是去教导队学习了,当时由副班长冯焕之代班长职。

冯副班长指挥全班战士,先平整场地,再夯实地面,用几层红砖做了墙基,然后用十多厘米直径的竹竿搭架子,再用竹编席做墙板,夹层里有油毛毡,屋顶是人字坡形。为了隔热,油毛毡上铺着厚厚的稻草,稻草上再糊上厚厚的砂浆石灰,最后用水泥抹面……

当一天忙碌完,一个班一个宿舍,一个排四个班,四个宿舍并列而立;一个连四个排,四个排围成一个回字形的院子,中间场地既是操场,又是篮球场;炊事班在回字形的一个角落,背后还搭了一个养猪场,附近山坡上开辟了一块菜地,有一条小路与养猪场相连。

在我们班宿舍,一个人一张木板床,床上挂好白纱布般的船形蚊帐,中间留下过道,十多张床分两边整齐摆着,每个床下面放着马扎凳子与搪瓷脸盆,脸盆中又都有牙缸、牙刷和白色毛巾……

副班长第一时间召集全班坐在马扎凳上开了会,公布作息时间与宿舍纪律,核心是内务要整齐且每天轮流值日。

内务是每日必巡查项目,还进行打分评比。白床单要铺平,像一张白纸一样,绿被子要叠成豆腐块状。老兵的被子早已叠出印儿了,棉被都产生了机械性记忆,整起来三下两下就完事了。可是新兵的被子不行,因为新棉被都是虚泡的,你把它随意摆放在床上易,你要让它变成立体的豆腐块儿,可真叫一个"老虎吃天,无处下爪"呀!我们只好先把被子叠好后,再用膝盖压,用手捏,用屁股坐……勉强弄出个方块来时,可能已经是满头大汗了。

我是宁愿去工地干苦活累活,也不情愿整理内务的。但轮到我值班,又不得不硬着头皮干。好在新被子一天天也就不新了,机械性记忆一点点出现,被子慢慢就好叠了。

我们排接受的第一项施工任务,是修护坡。原来的荒坡地,开拓出道路,路边凸起的地方,要用石块垒起来。我与早我一年入伍的马红九一组,我拿着铁丝,他拿着竹杠,我选的石块不大,两个人抬着还顶得住。可是马红九不乐意了,他说劳动竞赛呢,我与你抬的石头不如别人大,班长排长看了,印象不好的。说完,他把竹杠给我,铁丝他要了去。

马红九于是专挑大块石头,当他套上铁丝时,我也只好穿上竹杠,与他艰难地合作。

我在家时也常干庄稼活,但像抬石头这等体力活还是很少干。半天时间过去,我的肩膀就磨破了,渗出的血把工作服都染红了。

全连集合点名时,刘连长表扬了我,说我在新兵当中有不怕苦的精神。但冯副班长看看我的肩伤,私下里还是心疼地说:"嗯,小张你正长身体呢,

1978 连队的夏天

悠着点噢!"后来他安排马红九与高勇一组,而叫我跟着他学习瓦工技术——用瓦刀砌墙。高勇与马红九同年入伍,比马强壮许多,我见高勇选的石头比马红九的更大,马红九抬着石头也像我一样,弓腰驼背,行走艰难。

相比之下,提瓦刀砌墙是个技术活,比抬石头轻松多了。我勤学勤练,不长时间就出师了。后来,我们又为814厂盖砖混结构的宿舍楼,别的新兵一天最多砌七百块砖,我平均一天砌砖却达到一千块以上。为此,我得到过团长刘金贵的口头嘉奖。

我们连那时响应全团的号召,开展"学雷锋,做好事"的活动。每天早上,起床号没响呢,就有战士提前半个小时悄悄起床了,争着抢着扫地、打水,帮战友们挤牙膏……马红九往往会捷足先登。我是新兵,却无法起得早,为此,我还觉得尴尬、不安。可是班里的老兵对马红九的"积极"多有微词,说学雷锋也别在大清早整出些个动静,生怕别人不知道他学雷锋似的,搞得人人睡不好早觉。

我想避免让老兵嫌弃,也不想与马红九抢扫帚,于是就另辟蹊径,经常在业余时间去厨房帮厨,要不就去养猪场帮忙整理猪圈。我一见到猪,就想起了与父亲养猪卖猪的过去,竟然觉得这些猪似曾相识,叫人产生莫名的亲切感。司务长见我把猪侍弄得挺好,就汇报给连长,连长于是就表扬了我,说:"张建全同志爱猪,爱猪就等于爱集体利益,爱猪就等于爱连队!"我听到这样的表扬,觉得在猪圈流过的汗、闻过的臭气,都是值得的。

湖南的夏天,闷热是常态。白天让人感觉就像待在炭火炉子边烤一样,晚上时有凉风,还稍微好过一点。但宿舍在中午的阳光下面暴晒,热得像蒸笼一样。人人都汗流不止，不得已时，战士们就用毛巾围着脖子堵汗。午休起床后，再看那凉席，上面注定有个人形的水印。

我们没有正常的周末，只要天晴，就一定一天两晌去工地。好在湖南雨多，下雨时就是我们天然的补休时间。平时上工穿工作服，每个人像个泥猴似的。每遇休息日，冯焕之副班长会通知我们统一穿着军装。而一旦穿上军服正装，"我是一名中国军人"的自豪感也就油然而生。

这时连部也会下达通知——要不以班为单位读报学习，要不就开座谈会交流心得体会，而交流心得时常常要联系战士生活实际。有一次，冯副班长要求大家公开谈心，大家有什么难题、有什么思想"疙瘩"都要说出来，由大家集思广益，帮助解"疙瘩"。

我们班有两个老兵，"云南秦"与"河北刘"，他俩那时正为找对象苦恼。座谈会上，冯副班长劝他俩说出实情，然后开导道："找对象也是有方法的，说出来大家为你俩出谋划策呀！"

"每年回家探亲，人家女方都问，咋还穿俩兜（两个兜是战士，四个兜是干部）的衣服呀！"云南秦说。

"我原来高中有个女同学，长得好，是我们班花，谁知去县城造纸厂当临时工，被厂长儿子相中了……"河北刘说。

大家纷纷建议说，光想找干部嫁的那种势利女人不找也罢，缘分有时候要靠等。

两个老兵听了大家七嘴八舌的建议，既有些尴尬，又有些释然。

尽管施工任务一个接着一个，但我们没有忘记自己首先是军人，战士们把分配给自己的钢枪擦拭保养得锃亮，还定期打靶、投手榴弹等。每个人对军事考核成绩都很在意，仿佛那才是当兵的看家本领。

七十年代末，中越边境摩擦频频，作为工程兵部队，我们经常接受备战教育和作战训练。连长经常说，两国交战，后勤补给最重要，工程兵的功能虽不在前线打冲锋，但却担负维护后勤运输线的重任。运输线被敌人切断，弹药粮草难以送上前线，怎能打胜仗！

我们由此更加认识到，平时干的脏活累活，其实都是军事上不能缺少的活，这样也就不分学什么、干什么了，反正样样都重要。

军事比赛时，我有一个长板一个短板，长板是射击成绩次次都名列前茅，短板是投弹却回回守尾巴。

当然，连队的文娱生活也丰富多彩呢。每逢重要的节日，连长组织全连进行会操表演，指导员则负责歌咏比赛。有时跨连、跨营，我们也在电视上看过天安门广场的阅兵式，于是刘登国连长一招一式地教我们练习踢正步。

八一建军节前夕，团部电影组乘坐专用的带有帆布雨棚的卡车到我们连，一连三天，放映了三部电影：《渡江侦察记》《南征北战》《刘三姐》。会餐时，在操场上一个班围一圈，一圈为一席；饭菜比平时丰富得多，大鱼大肉，馒头饺子白米饭。刘连长特许在建军节可以喝酒，而且是湖南名酒白沙液。

"当兵的扛枪打仗，杀敌立功，咋能不喝酒呢！"刘连长平时严肃得很，但这会儿却端着搪瓷茶缸，轮流给战士们敬酒。他是全连最大的官，酒量也最大。一时之间，战士们豪情满怀，兴奋不已，还唱起歌来："我是一个兵，来自老百姓，打败了日本侵略者，消灭了蒋匪军……"

连部寇德春文书的爱人来部队探亲，还带着需要时时抱着哄的婴儿，原本由他出的墙报就拖拉下来了。为了避免营部下来检查时挨批，寇文书就报告给连长，抽调我帮他出墙报。

我在高中上学时担任过学校板报组组长，对于出墙报并不陌生，只不过把粉笔字换成毛笔字而已。

墙报出好以后，其中有一篇表扬稿是关于刘连长带病坚持指挥施工的事迹，刘连长就此把我叫过去剋了一顿："乱弹琴，12连的墙报，成为表扬他们连长的宣传栏，这成何体统呀？改了改了改了！"

我说藏克照指导员同意的，刘连长说："谁同意的都不行！饲养员是我们连学雷锋标兵，给我们连贡献了那么多猪肉，我命令你为他写一篇表扬稿，否则，你从今天起戒肉！"我立马去改墙报，心想：戒肉？那谁受得了呢！

这年秋，寇文书考上部队院校了，刘连长说需要另外找一个人代替他，有一天突然问起我："小张，你的字写得不错哦！你愿意当文书吗？"

对我来说这是天大的好事。当文书不仅意味着自动成为连部勤杂班的班长，不用干瓦工活了，更重要的是，连部订阅的《解放军报》《解放军文艺》等报纸杂志就可以抢先阅读了，那宽大的会议室也可以任意由我使用了，熄灯号响之后，我还可以开灯看书。

"当然愿意！"我高兴地回答。

我以为刘连长能问我，那我很快就能成为12连新任文书了。谁知道团部突然下了一道意外的命令——从我们12连抽调四个班，组建扩编的4营15连。

这样,我当瓦工战士的经历忽然就画上了句号。

新任15连指导员的李国栋专门了解了我的情况,正好他也在为15连物色文书呢。鬼使神差一般,我没有顺利接上寇文书的班,却当上了新建15连首任文书。

尽管在814厂的半年时间,历经夏秋两个季节,但湖南的秋老虎不比夏天逊色,我感觉我一直是在夏天。我在工地上晒得像是半个非洲人一样。但令我惊喜的是,我从当兵时的一米六九,长高到了一米七三,原来穿着宽松的2号军衣,这会儿也显得有点儿瘦小了。

四十多年后,我与几位要好的战友专门到原814厂故地重游。据转业到邵阳当地的彭仲生股长介绍说,814厂早搬去长沙了,厂址变身为邵阳市高铁车站了。

我们在车站周围走走看看,意外地在杂草丛生之中发现了当年砌筑的护坡石墙,那一块块大小不一、造型各异的石头,被我的战友们一块块搬抬至此,再用水泥把它联结在一起,形成一面平整坚固的墙体,它们护着坡,也守着自己的责任。我蓦然觉得,一块块石头,就像是我们一个个战士,默默无闻而又坚守阵地。

"我的战友、我的故人,你们还认得我吗?"我手抚石墙,喃喃自语,鼻子一时发酸。

曾经火热的军营,曾经有一群年轻的战士在这里流血流汗,这里飘扬过雄壮而优美的歌声,曾经的曾经,现在都消失得无影无踪!

暗淡了刀光剑影，

　　远去了鼓角争鸣。

　　眼前飞扬着一个个

　　鲜活的面容……

在经典歌曲《历史的天空》中，这几句歌词我每次听每次都感动。

也许，人到了一定年龄之后，眼前的事往往会忘记，过去的事却常常会想起，而且泪点也越来越低。我每每想起那年夏天，想起那个我在湖南的第一个夏天，就想哭！

战友们一个个鲜活的面容，时常会出现在我的梦里！

2022 年 5 月 25 日于长沙

哥儿们罗曼事

章雷和刘右贤是我最要好的同龄友人，算得上铁哥儿们。1981年在军校学习时相识，至今已有五年多了。

五年，足以使少年成长为青年。

五年，在我们青春的旅途上留下了什么印痕呢？

章雷一米八的个头，是个细皮嫩肉的家伙，脸上最缺少的是严肃，最富有的是微笑，是我们三个人中最体面的，也是最乐天的。

刘右贤高一米六七的样子，唯此一点就弄得人威风扫地，不过刘兄文才出众，一笔好字，典型的内秀派人士，虽不为外人注目，却为朋友们称道。

介于二者之间的我，不知自己属哪路"和尚"。

时值军旅生涯的开端，我们的生活是十分紧张而枯燥的。营区内最易见到的是军人，最难见到的是女人；熟悉而陌生的是战友，揪心关注而神思妙想的是女友。

然而，那时有女友的独章雷一个。

这家伙开始还保密，后来见他时常收到寄自西安交大的信。那秀气娟丽的字迹引起我们的怀疑，于是我与刘右贤决定，必须尽快查清寄信者为何许人也。

八一节到来前夕，"交大"照例寄来一包鼓鼓囊囊的食品。刘右贤从邮电局代领回来，坚持实行"三分天下"，章雷说可以，但包裹一定要自己打开，结果由此露馅。我们在包裹里找到一张穿连衣裙的姑娘照，章兄不得不承认，这位便是已谈了两年的女友。章雷说的时候掩遮不住满怀的喜悦，刘右贤细细端详了照片后，则不以为意地说："看样子个儿还不到一米六，我要有你老兄的个头,这位女同胞可得拜拜了!"

"娇小玲珑型女子也是一种美!"我反说道,接着又接过照片,细细品评"交大"的鼻眼结构,最后却不得不这样说,"此人脸大眼小,要是用长发掩遮一下就好了!"

没料想章雷一时情绪低落,这才使我们意识到言出不当。之后章雷竟几次拉我谈谈参谋意见,我说:"你章兄如此体面,应该给哥儿们找个一流女子才是啊!"

没过多久,章雷告诉我俩说,他与"交大"告吹了。

吹就吹了,不信找不到满意的靓女,我们都这样想。可是后来"找"的话题倒是谈得不少,却再也没有实质性进展。

毕业后,我去了北京,章雷去了四川,刘右贤回了西安,那会儿还都是光杆儿大兵。虽然没有姑娘牵挂我们,但军装多了两个口袋,脚上蹬上乌黑锃亮的皮鞋,心里仍然充盈着满满的自信。

到北京不久,我的一位远房叔叔就给我介绍了一位名叫小艳的姑娘,人长得真是没说的,既高大又丰满,留着长长的披肩发,只要是白天就戴着麦克镜,冬天也穿着紧绷绷的牛仔裤,可谓风流尽了,时髦透了。

第一次见面后,她回去给她妈说我"人倒挺有才的,只是脸上有老人斑"。她妈一听吓了一跳,说二十多岁就有了老人斑,那可要好好看看。第二个周末,她妈看了我过后说:"什么老人斑,那是青春痣,其实人家长得挺有男子汉气的。"于是拍板,主张女儿跟我"谈"。

恋爱可也真是"谈"的,谈了不长时间,一天小艳告诉我:"咱俩的关系我哥不同意,其实你比我哥强百倍!"说得我感动得几天睡不好觉。

正在这个时候,刘右贤到北京进修,我于是请他当参谋。见过人后,他兴奋地说:"算你有福!"后来还硬要我请他去全聚德烤鸭店"烤"了一餐。

其实在这当儿,刘右贤与西安一位护士小姐通信,据说在他来京前介绍人才交换了两人的照片,让先书信来往,待刘回西安时正式面谈。

在京期间,两桩事儿均顺利进行,我成为小艳家常客的时候,刘右贤已基本与护士小姐"敲定"。

1983年底,我们所在部队全部撤销改编,集体转业,我必须回老家西安报到。小艳家得知消息后,老太太伤心地哭了几场,说我人诚实敦厚,原想靠女婿养老的;小艳说她不知怎么办,总叹息自己命不好,眼泪直往外冒;唯独原"准岳父"悄悄找我谈了一次话,说他就有一个女儿,不可能同意她离开北京,于是我承认我与小艳没有缘分,挥泪离京。

刘右贤在北京站送我时,我说,我的事失败了,唯愿你早日成功。刘见我情绪不好,颇安慰了一番。

当我回到西安时,章雷由于同样的原因已先我一步回来了。经过一番折腾,我当了党办秘书,他则进了粮食局团委。

一天,和他上大雁塔闲逛,恰好碰上了他的前女友——那位"交大"和一位青年男子携手同游。尴尬少顷,寒暄过后就各奔东西。

老友相会,本来兴致勃勃,没想到意外相逢,使得这位乐天之人情绪低落下来。据说"交大"今日男友是某校研究生,已定近期结婚。提及此事,章雷无声地笑笑,我感到难受。

生活总得前行。章雷几乎天天有人提亲，兴致一来，便去约会，我总是担任参谋长的角色。

不久，刘右贤自京返陕，垂头丧气地报告说，他的恋爱也"谈完了"。说那位护士在信中热情难禁，请假赴京一趟，结果见面如同水火，书信编织的美梦一举破灭，这使我们都困惑不已。

困惑归困惑吧，对象还是要找。

1984年秋天，在我不再收到小艳来信的时候，我单位分来一位女大学生，叫云云，这位会弹吉他的女子一下子使我改变了主意，我开始追她。谁知她早已与一位男同学建立关系，男友分配去了外地一个偏僻的油田，而且她想等转正后调去油田。我望而却步间，她又婉转告诉我，她打算与男友分手，愿意与我发展关系，原因是她母亲长期患病，她是独生女儿，将来不能离开西安。

我觉得不妥，但还是答应交往，开始帮她照顾母亲，这样很快赢得母女俩的信赖和喜爱。云云告诉我，认识我才晓得过去是多么幼稚。

然而随着时间的推移，我怀念起北京的披肩发、牛仔裤和那一双泪眼来，我郁郁地对云云说出了自己内心的苦闷。

云云善解人意地拉开与我的距离。

我知道，这期间章雷在自己频繁活动的同时，又托家人为刘右贤进行了许多努力，但到了1985年秋，当我们同步进入大龄青年之列时，三人光棍协会仍未脱离一人，这使我们有了一个共同的感觉：理想中的人儿真难找！

这年九月间，章雷考中江苏商业管理学院，南下上学。我则被深圳特区

哥儿们罗曼事

诱人的开拓之风吸引，离陕赴深应聘。

三人分开后不久，刘右贤便与一位商场服务员恋爱，进行的是火箭速度，三个月后的春节就举行了婚礼。章雷放假回陕赶上参加，返校后写来一封信说："多年来的左挑右拣是那样无聊，在朋友三人中，对待事业应像你那样，而对于家庭，刘右贤后期做法则为上策。"据说刘夫人虽外表平常，但为人贤惠，热情至极。

不几日，刘右贤就寄来喜糖，随信说道："过去的一切好像儿戏，认认真真地做儿戏。结婚后的今天，我才知道我们总不安宁的心早该安宁了。"

刘右贤的婚事冲击了三个人的心灵。章雷日前又来信说，他春节在刘右贤家认识的一个姑娘，通过书信交谈觉得不错，如无大问题，想专心就此培养，争取毕业后结婚。

这促使我深思起与云云的关系来，她愿意调来深圳吗？我的罗曼史会在何时画上句号呢？

原载《散文》月刊 1986 年 8 月号

2020 年 3 月 6 日修改于北京

与豫之缘

少年时在关中农村听秦腔《血泪仇》，戏中有一段唱词是这样的——

> 手托孙女好悲伤，
> 两个孩子都没娘。
> 一个还要娘教养，
> 一个年幼不离娘。
> 娘死不能在世上，
> 怎能不两眼泪汪汪。
> …………
> 无道的昏君把民伤。
> 河南陕西都一样，
> 走到处百姓受灾殃。
> 我不向南走往北上，
> 但愿得到边区能有好下场……

这出戏描写民国时期黄河泛滥的背景下，一个流民家庭的血泪史，揭露了旧社会的罪恶，歌颂了陕甘宁边区的新气象。剧中人有陕西人，也有河南人。

那时，少年的我还未曾走出过生养我的十里村方圆五公里范围的小圈圈。自然，我对陕西的概念十分模糊，对河南的概念更无从谈起，大概只是觉得，河南是一个遥远的且与陕西相邻的省份而已。秦腔唱词中"河南陕西都一样"，我是不明所以的。

我们村在西安北郊，算是市管县，名为高陵县。听老人讲，我们县从古到今一直都是风调雨顺之地，周秦汉唐几个朝代，皇家陵地大都选于关中诸地，而作为关中平原的"白菜心"，也有许多皇族百年后在此入土，高陵之地的高陵县也许就因此得名。

在六七十年代困难时期，我们村常有外省人来此讨生活。有沿村乞讨的，有上门来替人打短工的，有承包庄稼的，有替婴儿哺乳的，等等。

我印象比较深的是来自山东的人，多是卖力气的，他们多数身强力壮，能吃能干。而来自河南的，则多是耍猴的，他们多少有些吆喝和表演的能力。

我们这些孩子是比较喜欢河南人的。因为看一次猴子表演，会叫我们高兴好长一段时间呢。

我十八岁当兵时，先到湖南，两年后，我被调到部队团部北京指挥所，又一年后，我被团领导派送到师部机关教导队接受培训，而我们师部就在河南南阳。我就此有缘踏入通过秦腔唱词而认识的邻居省——河南。

去南阳报到时，我先从北京取道西安，顺便探了一次家。后来父亲对乡亲们骄傲地说，"我儿去了南阳"，而乡亲们后来误传成我漂洋过海"下南洋"了。

八十年代初，乘火车出行是没有行李箱的，旅客们要么用粗布包袱，要么用纸箱麻绳，我们军人是按军容风纪的规定，打着背包。背包是把被褥枕头叠成四方形，再用专用的背包带扎成规矩的井字形花样，然后双肩背在后背，军用水壶斜挎在肩，手上拎着网兜，里边装着脸盆、牙缸等杂物……

到南阳下了火车后，我到车站广场找到公交站，向路人问换乘路线时，对方却热心地说:"解放军同志,你不用再坐公共汽车了,你沿着这大路往南走,不到十分钟,就有个部队大院。"

想不到,我们师部距车站这么近。

在这之前的两三年里,我多数时候住在湖南山区工兵连的简易营房里,即便到了北京,也因当时北京住房太过紧张,而入住唐山大地震过后留下来没有拆除的防震棚。

南阳师部大院才让我真正感觉到庄严、宽阔、优美且舒适。在看冯小刚导演的电影《芳华》时,影片中的大院像极了我们师部大院,而文工团的宿舍也与我们教导队的学员宿舍类似,不同的是,我们宿舍地面是水磨石的,他们是木地板。

当然,最大的不同,是我们教导队一百多号人乃清一色的男光棍,不像《芳华》中的文工团,有男有女,有诱人的爱情故事。

也许是越缺什么就越想什么,我们学员在出操时,或者周末去南阳市内买书购物时,或者我们师宣传科不定期地在篮球场放露天电影而对附近居民开放时,我们的眼睛不可能不留意一下那些年轻漂亮的女性。

在大院内,师部卫生所有三五个与我们同龄的女护士,她们穿着与《芳华》中女兵一样的军装,长相和身材比电影人物一点都不差。作为教导队学员,我们谁要是生病了,当然可以去卫生所诊治。于是,我们一时觉得生病并不是坏事,反而可能是好事。之后就传出一个笑话,说某某学员为了接近女护士,半夜洗凉水澡,愣是把自己冻感冒,如愿去了卫生所。不料那天卫生所的女护士放了半天的"三八"节假,值班的男医生直接给这个学员打庆大霉素,可由于医生手艺生疏，给患者竟接连扎了三针……

我们笑着议论说："这哥儿们挺聪明，可他百密而有一疏，没想到'三八'节假日这回事！"

教导队这批学员大多数来自农村，为期一年的"工业与民用建筑"的学习一旦顺利毕业，按照部队当时的干部政策，便可以提干了。相比同期考入军校的学员，我们更有优势，因为学期短、提干快，尽管文凭比人家院校低一等，但我们当时想，能让人家看到我们的"四个兜"，管文凭干啥？这个光明前景令每个学员充满希望与快乐。

但希望毕竟还不是结果，我们的身份仍然是农村籍战士、战士学员。尽管在那个时期，只要穿上军装，家乡的七大姑八大姨就可能会找上门"提亲"，但有望提干的学员们，这时的心都有些"野"，都把找对象的宝押在毕业提干之后。因为当兵的复员政策是哪来哪去，而干部的转业政策是回原籍或爱人所在地安排工作；战士复员再当农民，在我们学员们看来就是"失败"，而提干转业，进城安家无疑便是"成功"，家乡人于是便会有"某某人出息了"的故事在流传。

少数城市兵与我们的想法不同，他们从城市来，复员又回城市去且会安排工作，对于提干不提干便不在乎。我们农村兵不敢恋爱，但他们却恋爱个不停。

教导队有个墙报组，我和章雷是其骨干成员。我负责文字，他负责画报图。在枯燥的业务学习之余，有了这个事务，反倒给我们增加了一些意外的乐趣。

章雷是西安城市兵，他当时已有恋爱对象。战友们对他一方面充满了羡慕，一方面对他对象的长相又流露出不以为然。不知章雷有没有受到我们这些评论的影响，反正他那一次恋爱无疾而终。多年之后，章雷现在的夫人开玩笑说："多谢你们当年给章雷泼了冷水，要不然就没有后来我的机会了！"

我们墙报组曾借口外出学习，专门去南阳市郊的卧龙岗参观过武侯祠。之前看《三国演义》，觉得三国的故事与人物太过遥远，遥远得跟神仙一样。但走进武侯祠，看看诸葛亮在这里躬耕隐居十三年，看看刘关张在这里三顾茅庐，看看诸葛亮之后毅然出山，助刘备建立蜀汉霸业的故事，骤然之间，历史人物仿佛复活了一般，他们影响了我们，也感动了我们。

我们这批学员中很少有河南籍的，但当我们在南阳生活一段时间以后，也多少有了些"我们河南"的情感倾向。有位湖北籍战友对南阳武侯祠有些不以为然，说他们湖北襄樊（古称襄阳）的古隆中才是真正的诸葛亮故居。我们于是与他辩论，说你不应该身在南阳而向着襄阳说话。这个话题还没有说完，有个战友指着武侯祠两侧的对联读了起来：

身在朝廷原无论先主后主
功盖天下何必辩襄阳南阳

在一旁看了介绍，才知道这副对联的作者是当年一个襄阳籍的人在南阳当了知府，他既不想因为支持襄阳老家而得罪任内百姓，又不想因为支持南阳而背叛故乡，于是写了这幅两面讨好的对联。他这个无奈之举，算是逼出来的智慧，反而成就了这副世上绝无仅有的名联。

湖北籍战友看了，连忙收回原来的说辞，还说："可能诸葛亮当年住南阳，他舅舅家在襄阳……"大家听了，哈哈笑他滑头。

离开了部队大院，参观了名胜古迹，我们很容易被街头一个个名称各异的馆子吸引住，这是"胡辣汤"，那是"羊肉烩面"，这是"道口烧鸡"，那是"牛杂馆子"……可令人尴尬的是口袋少有余钱。怎么办呢？"赌钢镚吧？"有人这么提议，大家纷纷表示同意。于是几轮下来，十块钱就凑够了，而十块钱在八十年代初的南阳，是可以美餐一顿的。此后这个方法反复使用，令我们那时的味觉兴趣不断向河南倾斜。

当兵的吃肉不能没有酒，于是几毛钱一斤的散装白酒便会让我们痛快一天。

也许是刘关张"桃园结义"的故事让我们热血沸腾，有一天我们要好的四个人，一人一大碗酒，年长的吴伟明说："我们今天在南阳，借三国精神，在此结义！"

接着章雷说："结成四兄弟！"他顿了一下，"嗯，比刘关张还多一位……"

四个人举碗饮毕，都已半醉，接着又豪气冲天地表示，一旦国家需要，我们一定要一起冲上前线，杀敌立功。

酒罢，还商量一番，给每个人取了名字，第一个字是顺序词"伯、仲、叔、季"，第二个字取岳飞的书法拓片——"还我河山"之意，稍微改了一下为"山河归吾"。于是，吴伟明是伯山，章雷是仲河，我是叔归，刘右贤是季吾。

之后挺长一段时期，我们四人私下的称呼，尤其是书信往来时，便成了"伯山、仲河、叔归、季吾"，不是仁兄，便是贤弟。在我们四人之间，一时古意盎然。

几十年过去，伯山、季吾已经失联，我偶尔与仲河开玩笑，说："仲河兄，咱们没有干成大事，恐怕在于四个人结义不如三个人牢固呀！"仲河打趣我："对呀，也许还有一个原因——咱们没有选一个桃园！"

转眼之间，一年学习期很快就要结束了，正当大家盼望的毕业提干之日快到之时，突然传来"百万大裁军"的消息，总政随即下达了冻结提干的通知。

战友们一时失落失望，唉声叹气者有之，默然流泪者有之，生气骂娘者也有之。

令我大感意外的是，我却成为同期学员中最幸运的一个。因为师党委在收到冻结提干通知之前曾开会决定，同意批准三个优秀战士直接提干。我在来教导队之前，作为新闻报道员，曾在《解放军报》《基建工程兵报》发表过许多通讯报道，在教导队学习期间也常有文章见报，而我们团政治处新闻干事一职当时空缺。与我同时提干的两个战士都是卫生所的女护士，她俩业余学习中医针灸，为部队和地方老百姓治好许多病，算是成绩突出的医务人员。其中一个叫黄民英，算是我们大院的院花。我当时还暗自庆幸，觉得我终于提干了，说不定与她有别的机会呢。

谁知另外一个战友王纪德，不久后邀请我们参加他的婚礼，新娘竟是黄民英。我们开他俩玩笑，逼着他俩交代了恋爱史。这才知道，王纪德正是利用城市兵的身份，早在大家有事没事光顾卫生所的时候，就已经与黄护士开始了"地下恋情"。

我从师政治部干部科干事宁想功的手中接到我提干的红头文件后，高兴地请他与我在南阳照相馆照了一张合影照片，留作纪念。末了又赶去邮电局，给远在家乡的父母亲拍发了只有四个字的电报："儿已提干"。

在我看来，这个电报是特大的喜报。因为自此以后，我便不再是"当兵的"，而成了"军官"。而一旦成了组织上任命的"官"，那就意味着是个光宗耀祖的事。

事后听母亲说，在接到我的电报的前几天，家里"出了大事"，她想不通，曾想一死了之。为此，姑妈来我家，守着母亲，不停地劝解安慰她。收到我的电报，母亲说她看到希望了，高兴了，觉得家里出的坏事与我提干的好事不能比，一比，就没有什么可忧愁的了。姑妈也纳闷地说："难怪昨儿个夜里，我梦见一帮人抬着棺材从咱们门前走过，原来是我全儿升官呢！这可是老天爷托梦告诉我的！"

师部宣传科的兰坤科长通知我去他办公室，说他看过我的见报文章，宣传科的新闻干事申请转业，问我是否愿意从团里调来师里。我当然知道这个调动是职务再上一个台阶的好事，团新闻干事不如师新闻干事的舞台大，在师部大院就职好像也更牛气一些。更重要的一点是，我找对象的虚幻目标此时转移到了南阳纺织厂。

这个厂与我的师部大院相邻，教导队篮球场与纺织厂厂区道路只隔一道围墙，而围墙是半镂空的，下半部是红砖，上半部是钢筋栏杆。纺织女工上下班时，穿着五颜六色的连衣裙，骑着崭新的女式自行车，三三两两地从我们篮球场经过。有时，我们打比赛，她们还在栏杆外驻足观望。在这群姑娘当中，有一个马尾辫女孩和一个披肩发女孩，高个苗条，脸白爱笑，是我私下暗恋的目标。

我于是答应了兰科长的调动安排，说我回团里等师部的调令到了以后，立刻赶回南阳报到。

在"山河归吾"四兄弟的告别宴上，章雷得知我们团部已从湖南正式移防北京，便反问我："你舍北京而取南阳，会不会后悔？"我嘴上用军令如山搪塞了他，但心里却暗自思忖——南阳改变了我的身份，河南会不会赐我良缘？

变化发生在我回到位于北京顺义团部的几天后，团政治处主任燕立志召集大家开会，就基建工程兵集体转业一事传达上级文件精神，并要求政治处从速做好集体转业的教育计划，防止部队出现思想混乱。

兰科长说的调令不了了之，想必师部的消息更快。当整个部队都将被裁撤，新闻干事当然也就可有可无了。

我们团后来集体转业到了廊坊，成为廊坊市建安集团公司，而我却随我们师另一个团集体转业西安，成了航天部陕西管理局建筑公司，我改当党委秘书。

航建公司位于西安北门外，通讯地址是"北关联志路25号"。当地人把那一片区称作联志村，而联志村是道北的一个中心村。道北指的是陇海铁路线西安城墙以北区域，它虽然是西安的，但它更像是河南的，因为这一带的人不会说陕西话，说河南话甚至比郑州人更地道。据说，当年黄河泛滥，河南人沿陇海线西行，到西安下了火车，便没有了目的地，于是出了车站，随便找一块儿空地，搭个窝棚，就安了家。然后依托火车站，做小买卖，摆个地摊,烤烤红薯,要不替人搬行李、拉洋车、带路看货、当保镖,等等,就这样生存下来,代代繁衍,成为西安城市的一个别致的所在。某著名小品演员就在此地长大,他的作品既有陕西方言,又有河南方言,算是道北走出去的名人。

航建公司夹在联志村当中,但却有个大院,办公楼在前,宿舍楼在后,大院门口旁边有传达室。

当我来来去去经过联志村,听着大人小孩的河南话时,我好像仍然身在南阳呢。而这时想到秦腔《血泪仇》,感觉剧中的原型人物就来自联志村。

我周末回高陵老家,母亲催我谈对象,说:"你不让你舅你姑在县里给你物色,但你得领回一个西安的才行!"

我其实比母亲还着急,恰好传达室的钱大伯见我经常进进出出一个人,有一天就拦住我,问:"联志村有个女孩儿,在十九粮店当服务员,个头可高,皮肤可白,眼睛可大,我介绍给你,中不中?"

钱大伯就是联志村人,他的河南话我听着觉得亲切,得知我在南阳待过,他便对我多了一份亲近。他对女孩儿的介绍,让我联想到南阳纺织厂的"马尾辫"和"披肩发",我当即表示:"中,中,钱大伯,谢谢您啦!"

我等了一天又一天,总不见钱大伯回话。有天高陵亲戚来看我,提了一鞋盒鸡蛋,我平时在食堂就餐,用不着做饭,就把鸡蛋转送给钱大伯。

钱大伯几番推辞收下后,不好意思地说,女方听说我家在农村,兄弟又多,就不同意见面了。

我听了以后,有些失落,但更多的是气愤,心想,你瞧不起农村人,我

与豫之缘

还瞧不起你势利眼呢。

可是意外的是,有天钱大伯高兴地叫住我,拉我在传达室坐定,说:"那女孩儿有天来我这里串门,正好看见你走过去,问我,这小伙儿哪儿的?我说,这就是我给你介绍的那个张秘书,是从北京调过来的。那女孩儿听了,说如果是这样,她就愿意见面、发展关系。"

我摇头说:"我不考虑她了!"

钱大伯有些失望,我心想,这么势利眼的人,不会给我满意的婚姻的。

过了不长时间,钱大伯把那姑娘介绍给我们公司新来的大学生,据说是清华毕业的。一对新人的关系进展神速。当某日清华生与那姑娘从传达室出来,让我意外地近距离碰见时,我不由得对清华生嫉妒起来。原来,这姑娘比南阳纺织厂的"马尾辫"和"披肩发"都要漂亮。我先自责后自问,谁让你那么小心眼!这下可好,把那么个大美女拱手让人了!

我不由得感叹,有缘千里能相会,无缘眼前也白费呀!

章雷脱军装比我早了几个月,我曾去郑州探望过他。他们团原来在四川万县,这时已搬到郑州且亦将集体就地转业。那天,我是在工地找到他的,他正在绑扎钢筋,头戴草帽,浅绿色军用工作服布满了一道道白色的汗渍,分明是新汗旧汗相互作用的结果。

等到他下班,他执意宴请"贤弟"我,尽管他拿着战士津贴费,但他什么时候都比我们有钱,也舍得花。我们进了一个烧鸡店,要了一堆啤酒,谈当前,说以后,谈爱情,说苦恼……酒过三巡时,受周围猜拳的食客感染,我们俩也依样学样,光了膀子:"哥俩好呀,五魁手,六六顺呀,八大仙……"

第二天，章雷陪我游览郑州，登二七塔，看黄河。闲聊时不由自主地又回到爱情这个主题上："你知道河南姑娘为什么个头比四川的高吗？"我笑着回答："你老兄先四川，再河南，你有发言权，你说。""四川多山，不容易长个呀，河南一溜儿大平原，加上粮食充实，不长个才怪！"

"仲河兄是不是有新人了？"我从他的话中听出一丝端倪。

"你看这里姑娘们的脸，白得跟新出笼的馒头一样！"他可能真被哪个郑州姑娘打倒了。

章雷活生生被"大裁军"阻断了军官路。他父亲是西安某军医院的院长，几个哥哥分属不同部队，早已是连营一级的干部，唯独他仅以战士的身份复员回了西安。塞翁失马焉知非福。章雷随后参加高考，几年后从某大学毕业。毕业后进入政府部门工作，一路高升，年过花甲时从领导岗位上退休。

我在西安只待了一年，就调入深圳，后又辗转海南，现在定居北京。

大前年，河南音协举办词曲创作学习班。主办方邀请著名曲作家王佑贵去讲座，并让他推荐一位合作过的词作者一同前往。那一段时间，我刚好与王老师合作了三首歌——《女儿是爸爸的前世情人》（廖昌永唱）、《想见村里每一个人》（刘和刚唱）、《四海同春》（张英席、王庆爽唱）。王老师于是推荐了我，我随之也收到了河南音协的邀请。

我原来想借机回一次河南，游一次郑州，未料被音协当成词作家推上了讲台。

我是赶着鸭子上架，汗流浃背地在与会者众目睽睽之下完成了那一个半小时的讲课。其间王老师适时插话配合，算是让大家了解了一点词曲作者"如何写一首歌"的情况。

王老师的经典作品《春天的故事》和《长大后我就成了你》是家喻户晓的佳作，有他的加持，我的丑才没有出得太大。

在这次讲座之前，我写歌词仅是个业余爱好，但在这之后，我写歌词便多了一个目的，那便是我要配得上在郑州的那一次讲座。后来我与王老师合作的新歌《湖的南》（王欢唱）、与戚建波合作的《记忆中总有一杆枪》（阎维文唱）、与孟文豪合作的《发黄的照片》（张凯丽唱）和《荷花谣》（王小玮唱）先后登上央视舞台，每一次我都希望河南乡亲，尤其是听过我讲座的人看到。我在心里已经把他们当成了一个个监考老师，而我有一张永远答不完的试卷。

"世界上没有无缘无故的爱"，这是哲人说的话。几十年间，我对河南的感情，来自我与其时断时续的联系。有一回在北京街头一个小馆吃饭，邻桌的一个操着卷舌音的小子，编河南人的小段子，我仗着酒劲，便与其争执起来，要不是朋友拦着，还差一点与对方动手打一架。

我知道哪里都有好有坏，有好人坏人，但我忘不了河南对我的好。我总有一种心愿，将来要多去河南，去走走，去住住。

2022 年 7 月 30 日于北京

再见已过四十年

王忠银副指导员来京时，我才得知副连长田逢华转业回了湖北咸宁。上个月下旬，我接到田副连长的电话，他与我相约，也要来京一趟，说想见见这边的几个战友。

电话中的田副连长，仍然操着他那带有浓厚湖北口音的普通话。我问他是否还记得我，他直言："不记得了！"

我想也是，我与他毕竟分别四十一年了。当年我十八岁，是他手下的"新兵蛋子"，如今我已年届六十，形象也已大变。而他是一个有着十八年军龄的人，每年都会见到数量不少的新兵下连队，他不可能记住每一个新兵，况且我与他共事半年后，就因连队改编而调离了。

田副连长的电话激活了我四十一年前的记忆。

1978年6月，在经过三个月的新兵集训后，我们同期入伍的部分战友被分配到三营十二连。我们属于基建工程兵土建施工连队，承担着位于湖南邵阳068基地所属的814厂的土建施工任务。

在新兵连时，我们所有的训练科目都是正规部队所必需的内容——内务、队列、军事（射击、投弹）等。可是下连以后，我们却从事着施工劳动，抬石头、修护坡、砌砖墙、浇筑混凝土……平时穿着粗糙的劳动服，那身崭新的军装只有在偶尔集合开会时穿一下。

这对于怀揣梦想的新战士来说，心头像浇了一瓢冷水。而我们所在的814厂区，那个时期还属于保密单位，厂址也比较偏僻。我们的营房都是临时用竹竿、竹席和油毡在山坡上搭建的工棚。其生活艰苦、任务繁重的程度远远超出了我的想象。

田副连长那时只有三十多岁，他主管施工生产，所以工地上总有他的身影。许多时候，他在炎阳下头戴草帽与战士们一道挥汗如雨，所不同的是，他仿佛早已习惯了这种日晒雨淋的生活，皮肤早已呈浅咖啡色。

那时，团机关电影组会隔三岔五送电影来连队，每到这时，便是战士们的节日。有一次，大家搬着马扎凳，整齐地坐在露天电影银幕前，等着天黑后电影开映。这时，队伍左侧的山坡上有814厂新来的三两个女工，穿着彩色的连衣裙，挎着小巧的藤椅，缓缓地向我们这边走来。在七十年代末，年轻姑娘单凭这身打扮，就已经十分抢眼了，而对于一百多号年轻士兵来说，实在充满了诱惑，于是，大家不约而同地向左看……

田副连长本来单坐在队伍左侧，发现问题后，他立即站在队伍前面，面对大家喊口令道："向前看！"并扬起双手，"向前，向前，预备唱！"

战士们齐声高唱，田副连长打着拍子。可是唱着唱着，田副连长却下意识地向右看，而穿连衣裙的姑娘这时也走近了，且把藤椅摆放在靠近田副连长的马扎凳旁边。战士们见了，心里都笑了！

歌唱完了，田副连长返身落座后，在姑娘们旁边反而有些脸红，显得拘束和不自在。

我是在下连两个多月后见到从团部因事延迟回到连队的刘登国连长的。相对于田副连长，刘连长平常十分严肃，也爱批评部下。那时连队开展学雷锋活动，有一次我发现炊事班的大锅盖糊了一层油泥，显得很脏，就在休息的时候搬到沙堆旁，用红砖夹着沙子打磨，愣是把铝质锅盖打磨得跟不锈钢一样。刘连长见了说，那么薄的锅盖，你再这么打磨几次，就要漏气了。

我学雷锋没有找对方法,一时沮丧不已。

那个阶段,田副连长的爱人来部队探亲,抱着只有一岁大的儿子,住在离班排战士宿舍约二百米外的一处简易工棚里。

在那短短的一个月时间里,战士们经常三三两两结伴着去副连长家做客,他的爱人对待每一个战士都很热情。私下里老兵们议论,说田副连长老婆长得漂亮、个高、皮肤白皙、丰满……还有的老兵相互调侃,说谁谁谁名义上去田副连长家汇报工作,实际上就是想看看漂亮的嫂子。

我不知道田副连长听到这些议论没有,但他对战士们都是笑脸,凡是去的人,都有茶有烟有聊不完的话……

当田副连长的航班落地时,我已把四十一年前的往事像"电影"一样放了几遍。今天的副连长,已经是七十多岁的老人了。我想考验一下自己,根据从前的记忆,看看能不能认出今日的副连长。

我盯着旅客出口通道,不一会儿,就从远处一个人的走路姿势判断出他可能就是田副连长,走近再看,果然是他!我立正,敬军礼,田副连长立即笑着还礼。

他头发白了,但仍然浓密,肤色红润,身板直挺挺的,体形未见太大变化。嫂子随行,她说当年怀抱着的儿子叫田军,现在四十多岁了,在武汉一个重点中学当老师。

出了机场,我立即打电话给刘登国连长,他转业后定居北京,在王忠银副指导员来京时我们恢复了联系。

没料到刘连长就住在机场路附近,放下电话十多分钟,我的车按导航就停在了他家小区门口,而刘连长和夫人也已在路边等了。

刘连长、田副连长是在1982年因转业而各奔东西的,之后两个人从未谋面。两位七十多岁的老人,一见面就紧紧地拥抱在一起,久久不能松手,旁边走过的路人投来了异样的眼神。但我知道,这是战友之间才有的感情,特殊而浓烈。

随后我们一车同行,前往云南菜馆,而菜馆附近住着我们团的史信章参谋。他说,为田副连长接风,一定用云南风味。

我们部队曾有援老(挝)修路的历史,回国后在云南建水驻扎了许多年。战友们大多有云南情结。

刘连长是1968年入伍的,他比田副连长短三年军龄,却早早担任了连队正职。席间,刘连长对他的副连长尊称为"老兄",副连长则对"老弟"刘连长的工作魄力称赞有加,谈起往日经历,还是那些抢工期、争先进的故事。

作为连队新兵,我接待久别的连首长,当然应尽地主之谊。未料到刘连长夫人中途借去洗手间的机会,偷偷买了单,令我措手不及。念及他们有十余年的共事之谊,我也就不再相争了。

第二天,我开车拉着连长、副连长前往廊坊,在那边接应的是原十二连的排长向希春、单军政,另有政治处的杨功元、李俊峰作陪。与田副连长一直保持联络的勤杂班战士王安学、车营长等随后也来了。

向希春安排的包房里热闹非凡。向排长备了收藏的陈年好酒,可是在座的战友们除了我因开车而不能碰酒外,其他人多数也已七十开外了,刘连长不喝酒,田副连长做过心脏搭桥手术。于是,大家先说不劝酒,就以水代酒

再见已过四十年

开宴。谁知三分钟过后,就纷纷破例了。尤其是田副连长,他明确告诉嫂子:"今天不要拦我!"

那天在座的人都说了许多话,也大笑了许多次,言语当中大多是四十年前的往事。

当天,廊坊的战友执意要留我们住一晚,但由于刘连长要赶回家接孙子,于是,我陪刘连长先行一步回京,只留下田副连长和嫂子。

第二天傍晚,田副连长返京,我单独请他两口子吃热汤面。闲聊时,嫂子说,你副连长昨晚又喝了不少酒,他很高兴,见了想念了几十年的战友!

次日上午,我驾车陪同田副连长和嫂子到天安门前。当年,我们部队战士,凡来北京者,第一件事便是到天安门前照一张相。四十年后,再来到这里,天安门广场面貌依旧,可我们却不再是镜头中威武的军人,而变成了手机前面的老者。

有鉴于我们结缘湖南,我有意把午餐安排在湘菜王酒楼,又顺路接来刘登国连长和史信章参谋。酒楼附近的战友魏晓虹也如约前来作陪。

这餐饭吃的全是记忆,红烧肉、臭豆腐、米豆腐、腊味煲、长沙米粉……

饭罢,我陪两位连长看过鸟巢、水立方,末了找到一家咖啡馆,铺开预备好的象棋,让两位战友过一次棋瘾。因为之前闲聊时,他俩无不为过去的棋盘厮杀忘情。当棋局摆开,两人立马"当头炮,把马跳"……

刘连长是快棋手,冲杀过猛,但不免首尾难以相顾,每有破绽,必被田副连长咬住不放,且他组织的反攻不慌不忙,在大军压境之时,刘连长便无力回天。几局下来,输赢立见。换上我继续对抗田副连长,未料,我更不是他的对手,盘盘皆输之后,只好承认副连长宝刀未老。

我本想留田副连长在京多住几天,可他执意要赶去河南焦作,说想顺道看看那里的副指导员刘学章、三排长郝忠义。

送他们到车站那天,嫂子执意留一千块钱给我,她说从湖北出发时,准备带麻油给我和刘连长的,谁知因安检而无法带,于是叮嘱我在北京当地买两份,一份给我,一份转送刘连长。

在车站分别时,想到时隔四十年的相聚,不知再见又是何年,我俩不禁有些伤感,眼睛骤然潮湿,语也哽咽,拥别后,我久久陷入失落之中。

几天来,我们回忆许多往事,谈及了许多人,而说着说着,总有张三李四不在了的消息,即使在座的举杯欢颜,也多是老弱病残,尽管这是生命的必然,但它却与我们曾经有过的激情燃烧的生活反差太大,为此,我不由得写了一首小诗——

> 岁月一天一天成了碎片,
> 日子被风吹去了很远。
> 我心里无限地伤感,
> 是东流的江水难以回转。
> 啊……
> 乌黑的头发渐渐凌乱,
> 知心的朋友也难再见,
> 一个一个悲伤的消息,

排着队来到我的面前！

　　田副连长当日傍晚抵达焦作后，就打电话给我报了平安。他还邀请我有机会去咸宁做客，但我不知何年何月能与他再见……

原载《散文选刊》2020 年 3 月下半月刊
2022 年 2 月 8 日修改于北京

第三章

游踪

看故宫
婉容
苏公祠
巴伐利亚的魅影
池袋本町

看故宫

我小时候看课本上有天安门的图画，再看报纸上有毛主席登上天安门城楼的照片，便以为那个造型古典而雄伟的城门楼是北京的中心。我们村大人小孩做梦都向往天安门呢。

我当兵后，二十岁时从湖南的基层连队调到北京。有一天我与几个战友相约，到天安门广场参观。

我们先在金水桥南，即天安门城楼正立面中间位置站定，依次照一张穿着绿军装、戴着领章帽徽的照片。那张照片自然就成为我们有生以来最为宝贵的影像。之所以有这样的感觉，皆因我们身后那个可以看到的天安门。

那天照完相，我们按大多数游客的流程，买了故宫博物院的门票，自午门进入，从南向北，沿着中轴线，依次参观长相与颜色相似、高低与大小各异的宫殿。

这是我首次踏入故宫。我们与人头攒动的游客挤挤搡搡，无论多么稀罕的景物，也只能瞄上一眼就走。既要抢占最佳的取景点，照上几张"到此一游"的相，也要驱赶误入镜头里的游客，刚用好言劝开一个，另外又有人闯入。事后看看抢拍的照片，误入镜头者比比皆是。

等走到北边的御花园时，故宫的几大殿也就基本上参观完了。反正是走马观花，要是细看，可能要看多久就能多久。此时此刻，我才恍然大悟，原来天安门仅仅是故宫建筑群的南城门门楼而已。由此向南，穿过天安门广场，还有与之呼应的正阳门、大前门。

当时，我心里有一份实实在在的庆幸感，没有想到此生竟然看了如此恢宏的皇宫，还看了皇上吃饭和睡觉的地方。

之后的几年，外地战友、老家亲戚来京，参观故宫便成了我首要的接待科目。而作为东道主，我便自动当起了导游，这就迫使我不得不翻阅资料，尽量多掌握一点故宫的文史知识。

说故宫，就得从它的建设者说起。

早在大明王朝建立之初，那时的王朝首都在南京，北京还叫北平。燕王朱棣那时是受父皇朱元璋之托，住在北平，以镇守王朝北部疆域为己任的封疆大吏。谁知当父皇让其孙子朱允炆继承皇位之后，燕王之心便渐渐失衡，而新皇朱允炆又对强势的叔父心存忌惮，决心"削藩"。叔侄暗斗几个来回之后，朱棣悍然发动"靖难之役"，一举打败了朱允炆，夺过了皇帝宝座。老百姓夹在这对叔侄之间，只好谁胜就当谁的臣民。当然也有对朱允炆誓死尽忠，就像名臣方孝孺那样的人，但朱棣对他们不是株连十族，便是发配充军，终以铁血手段打下来皆呼万岁的局面。

明朝开国皇帝朱元璋出生于濠州（现安徽省凤阳县），起兵于江南。江山统一之后在选择京都之地时，他在南京和安徽两地犹豫过一番，最后钦定南京。

朱棣身上流淌着父亲朱元璋的血液，但经历的不同，让他与父亲有着不一样的感情与价值观。

朱棣是在北平养精蓄锐的，"靖难之役"开始后他的军队是从塘沽乘船南下，直破南京的。于是，燕王朱棣成了万岁，成了明成祖，燕王自此认定北平才是他的龙兴之地，他自然要迁都北平的，遂把北平改成北京。

国都从南京迁北京，不仅是换一个城市，更重要的是朱家换了当家人。

显然,南京是过去式,北京是进行时。朕在北京,北京自然就是正统,就连那个天祐吾胜的渡口也吉庆有余。它不是一般的渡口,而是朕的渡口,也就是"天子津渡",那朕就给它御赐个新名吧——天津。

在北京坐天下,原来的燕王府便不能再住,得有一个像样的皇宫吧,于是,"样式雷"建筑世家自然就被人引见到朱棣跟前。

作为故宫规划与建设的拍板决策人,历史是应该为永乐皇帝朱棣记头功的。尽管故宫在永乐十八年建成,其后又经历洪熙、宣德、正统三朝续建,用时二十年,但朱棣敲定的蓝图没有改变。

李自成率领大顺军自陕西攻入北京,终结了明王朝。他顺势在故宫登基,当了大顺皇帝。可惜没过几天,明将吴三桂悍然降清且引清军入关,北京城破之后,遂把短命的大顺皇帝李自成从故宫赶进湖北九宫山,从而朱明王朝的皇宫,完整地落入爱新觉罗氏的手中。

清王朝此后绵延二百多年,从未想过另建皇宫,恐怕皆因故宫这所宅院从风水、规模、位置、安全与审美等方方面面都无可挑剔。单从建筑保护角度来说,朱家皇帝似乎也可以放心。

可是历史的舞台从来都是你方唱罢我登场的。到了1924年10月23日,冯玉祥发动北京政变,把清朝末代皇帝亦即逊帝溥仪赶出故宫。其后虽然也曾有过张勋复辟、袁世凯称帝等闹剧上演,但故宫毕竟完成了从封建王朝私产到国家资产的革命性转变。

日本侵华时期占领了北京,他们搜刮了不少故宫宝物,却没有放火烧掉这处雄伟的建筑群。这不是他们仁慈,而是另有所图——他们扶持汉奸政府,试图占领整个中国。如果他们的野心得逞，故宫虽完好，权属却有可能被日本人收入囊中。

显然，围绕故宫的历史如汪洋大海，作为陪同友人参观的业余"导游"，我只是喜欢在参观故宫时，在不同的景点跟前，讲一点应景的野史故事而已。比如，李自成一坐上太和殿上的龙椅，就感觉到头晕眼花，据说他没有当皇帝的命；或者传说康熙皇帝在"正大光明"匾下藏的传位诏书，诏书本来写着"传位十四子"的，结果四阿哥雍正与他舅舅隆科多密谋，把诏书改成了"传位于四子"，雍正从而坐上了皇位；又或者到了御花园那口水井旁，据说当年八国联军逼近北京，慈禧太后逃往西安前夕，差自己的贴身太监把反对自己的儿媳，即光绪皇帝宠爱的珍妃，扔进这口井里溺杀了，此后这口井就有了"珍妃井"这个名字……

我往往说得煞有介事，好在客人大多也不会较真，于是说者痛快，听者好奇，也就各自满意罢了。

可是当我转业离开北京后，我在失去"北京东道主"这个身份时，故宫之于我的意义，竟然也随之改变了。

我先成了西安人，而后又成了深圳人。在长达十多年的时间里，我进出北京无数次。这时，我的身份转换成了我之前的接待对象——来北京的游客。

这期间，我却不愿再本着"到此一游"的心思进入故宫，也对站在古建筑面前照相失去了兴趣。反而由于去过故宫，我对有关故宫的书籍和影片更感兴趣。又由于看了这类书籍与影片，我对故宫的一切生发出探寻一番的动机，仿佛从游客的角色变成研究者或探宝者了。

二十世纪末，当命运之神又把我变成北京人，让故宫成为我出门上街常常不期而遇的所在时，我不由得成了这个"皇城"里的常客。

我习惯了一个人偷闲溜达到故宫里，随意走，随便看，随心想。

我想这故宫虽说是皇帝的宫殿，可它却给许多皇帝带来了灾难。明崇祯皇帝朱由检被大顺军逼着逃出故宫，在景山的树枝上上吊自杀了；清雍正帝死在故宫，但怎么死的却成了由古至今的谜案；而清末代皇帝溥仪，虽说三岁就登上金銮殿，可还没有长大享受万邦来贺的排场与后宫佳丽三千人的艳福，却早早被身边的太监玩伤了男性之根……不难想象，皇上有皇上不能承受之重、之累、之无奈，难怪有的皇上哀叹："朕为何要生于帝王家！"

我想这故宫虽不是你我这等平民的，却也是你我这等平民可以随便出入的场所。如果抛开在不动产方面企图拥有故宫的痴心妄想，故宫于皇帝和你我而言，便同属人生百年行走之驿站，只是在此驿站逗留的时间长短不同而已，只是存在在逗留期间的心累与不累的差别。显而易见，皇帝是累的，他有天下社稷之政务，还有后宫缠斗之纠纷，而平民如我者却只有一颗悠闲乐游之心。

我有时想，如果可以自由选择，恐怕愿做皇帝者没有愿做平民者多。除非他有经天纬地之才，有信心"hold住"那么多糟心事。反正我是没有那个信心的，但我却甘心成为"故宫人"。

我经常性地、不定时地去故宫，随心所欲地去故宫，如入无人之境地去故宫。我看阳光普照的故宫，也看雷雨交加的故宫；看鸽哨绕梁的故宫，也看白雪覆盖的故宫；我看故事如烟的故宫，也看藏书藏画的故宫；我在故宫饮毛尖龙井，也在故宫品美式拿铁；我在古砖古石上与人擦肩而过，也独自在红墙黄瓦的角落发思古之幽情……

故宫消耗了我许多时间，猛回头，我看故宫竟有四十余年了。我都看出些什么名堂呢？

我看到了曾经作为国家政权中枢的故宫。它是封建王朝的象征，也是中国革命的对象、我们先辈们牺牲生命要推翻的"大山"（即三座大山——帝国主义、封建主义和官僚资本主义）的象征。

但是，如果把时间比作河流，把明清两朝比作分属两个时段的历史巨轮，那么就应该实事求是地说，朱氏家族与爱新觉罗家族也先后在五百多年的漫长历程中，完成了他们各自的历史使命。用毛泽东同志"一分为二"的观点来看，他们当然也是有功过过。孰功孰过，自有后人评说。但评说历史，首先得尊重历史、了解历史，评说的出发点也应该着眼于从历史的经验教训中汲取有用的东西。

我看到了作为建筑艺术珍品的故宫。故宫既是"样式雷"建筑世家在世界建筑史上伟大而辉煌的创造，又是中国劳动人民辛勤劳动的结晶。我们因为有了故宫，再看英国的白金汉宫和美国的白宫时，心里才不会妄自菲薄，更不会崇洋媚外，也不会厚今薄古。当2008年北京奥运会开幕式上出现大脚印时，你会发现，故宫仿佛是北京这座皇冠之城上最耀眼的明珠。

我看到了藏宝无数的故宫。紫禁城改名为故宫，过去的皇宫变身成为后来的博物院。既然是博物院，那当然就应该有"物"。尽管故宫在昔日兵荒马乱的年代，被列强和小偷，包括败退台湾时的国民党，盗走了难计其数的文物珍品，以至于在台湾还建有另外一个"故宫博物院"。但是今天，人民政府又以各种各样的方式令故宫文物回流。参观故宫的各种珍宝展、书画展、文物展等展览时，你怎么能不惊叹中国人的勤劳与智慧，又怎么能不为中国传统文化之深邃与繁荣而自豪呢？

  我看到了全世界纷纷前来打卡游览的故宫。国家强则文化盛。当改革开放把中国发展带上高速路，中国已然成为世界第二大经济体时，作为国家级文物保护单位，故宫既弘扬了中国传统文化，又创造了丰厚的经济收益。

  我看着故宫，故宫也滋养着我。我因为故宫而对北京、对中国深感自豪；我也因为故宫，而更爱北京，更爱我们伟大的祖国！

  我常在故宫的角楼咖啡馆，给朋友们卖弄些故宫掌故，说实话，我在这方面是有一点虚荣心的。

2022 年 9 月 10 日于向阳院

婉容

在北京帽儿胡同,有一处豪华的中式庭院建筑——清末承恩公郭布罗·荣源之荣府。末代皇后婉容于1906年11月13日出生在此,并在这里长到六岁。

1911年10月10日辛亥革命爆发;1912年元旦,"中华民国"宣告成立,清王朝宣告灭亡。

在《清帝退位诏书》颁布后,作为前清官员,荣源觉得居住在北京多有不适,于是在1913年携全家移居天津。少女婉容的足迹于是便有机会遍布海河两岸。她恰好在应该入学的时候,来到这个中西文化交汇的港口城市且稳稳当当地生活了八年。她进入美国教会学校,与不少"洋娃娃"交往,还聘请外教学习英文。

当青春期的婉容因为长成了大美人而被逊帝溥仪看中,她才又返回北京。

可以说,天津对婉容成长的助力超过了北京,她这时学会了英语,学会了琴棋书画,学会了唱歌跳舞。也许可以说,婉容之所以被挑选、被册封为皇后,就是因为她在天津给自己美丽的仪表注入了丰富且令人刮目相看的内在素质。

我多次参观故宫,这个在中外历史上名声响亮的皇宫曾是皇后婉容被册封、被迎娶的地方。作为清朝末代皇后,婉容在这个神秘的皇城中仅仅生活了两年。

冯玉祥在1924年发动了北京政变,溥仪便不得不逃离紫禁城,他从此连名义上的皇帝也当不下去了。尽管后来张勋搞过一个"复辟"的闹剧,但溥仪作为清朝皇帝的生涯,随着冯将军的政变就结束了。

1925年2月，溥仪携皇后婉容及妃子文绣等避居天津张园，1929年7月，又迁居张园附近的静园。直到1931年11月，一行人在后来的日本战犯土肥原贤二的鼓动之下奔赴东北。

　　溥仪想要借力日本实现复兴大清的美梦，于1932年3月1日就任伪满洲国执政，1934年3月1日改称皇帝，改年号康德；而婉容随之又变身成为康德皇后。

　　康德皇帝皇后的"执政生涯"仅有十余年时间。

　　溥仪在他所著《我的前半生》中，道尽了这对帝后的悲惨命运，叫人不由得掬一把同情泪。那一个又一个意外事件，一次又一次被剥夺、被欺侮的遭遇，令置身其中的年轻帝后诚惶诚恐，仿佛永无宁日。

　　作为游客，我几乎走遍了婉容一生生活过的几处故地。而在我看来，婉容不仅仅是溥仪笔下的婉容，婉容是更立体的，而立体的婉容却更加悲惨，更加叫人同情和怜悯。

　　旧中国是一个男权社会，从这个角度来说，婉容一生有两个身份，一是正白旗郭布罗·荣源的女儿，二是皇帝溥仪的皇后。

　　如此显赫的身份地位，按说她的人生应当是极尽荣华富贵的。

　　但实际上，在大动荡历史背景下，承恩公也罢，溥仪皇帝也罢，其自身的命运都无奈地被社会洪流所裹挟，他们身边的女人也只能随波逐流。

　　婉容出生时也许是幸福的，而嫁作皇后却可能是婉容一切不幸的开始。换句话说，父亲荣源可以全心全意安排女儿的生活，也有能力保障女儿的快乐。但遗憾的是，皇帝却只能期待他的皇后挑起皇后的历史重任，而皇后是

婉容

否快乐幸福，他则无心多顾了。

婉容出生时，大清王朝已经像个病入膏肓的老人了。"中华民国"成立时，婉容六岁。由此可以说，婉容一家是伴随着"中华民国"前进的车轮声，躲进天津外国租界的。

六岁的婉容这时绝对感受不到政治动荡的疼痛，她甚至还会认为到了海河边上，住在洋人来来往往的租界比北京更为有趣。这里更能满足她的好奇心，她在这里学知识、开眼界，个性也得以张扬，她甚至还给自己取了一个与英国女王一样的名字——伊丽莎白。

王庆祥先生在《末代皇后和皇妃》中写道："这位出身高贵大家闺秀，是旗人中名闻遐迩的美人，她杏眼玉肌，黑发如云，亭亭玉立，姿色迷人。据当时能够接近皇后的人说，婉容不但相貌姣好，而且仪态不凡，举止端庄，谈吐文雅，琴棋书画样样都通，实在是一位百里挑一的有教养的才女。"

婉容正是凭己美貌，于1922年被逊帝溥仪传旨，"立婉容为皇后，封文绣为妃"。

婉容一家把溥仪上述圣旨当成了家族荣耀，其父因此当上国丈，且在北京的"小朝廷"和"伪满洲国"长期做官。

年方十六的婉容，想必是高高兴兴地嫁入紫禁城的。

她像任何一个少女一样，穿上皇后华服，对未来的生活充满了期待。她肯定有着"母仪天下""统领后宫"的美梦。

可惜的是，婉容虽然嫁入了皇家，但"中华民国"总统却早在他们大婚前十年就已经拿走了国家权柄。此时的溥仪皇帝及他的"小朝廷"只是依赖于"中华民国"赐予的所谓《清室优待条件》苟延残喘，溥仪是"关着故宫大门，当着院子里的皇帝"。

皇帝名不副实，皇后也就徒有一个空架子了。从1922年12月1日宣统皇帝迎娶婉容，到1924年10月末被驱逐，这对举行过盛大婚礼的帝后夫妻，不得不终止在皇城里短短两年的生活。

溥仪早在两岁多时，就被垂死的慈禧太后指定为接班人。1908年11月14日光绪帝去世，溥仪继位。从此，这个正尿裤子的孩子变成了大清朝的宣统皇帝。

溥仪虽然从幼儿时起就拥有皇帝之尊，可问题是，他只能是一个小木偶，摄政者说啥是啥。

但溥仪也有着与平民孩子一样的心思，他想玩泥巴，想抓蛐蛐，想无拘无束地去跑去闹……可他这些想法是不可能实现的。他要做皇家机器的一部分，大人们要按照皇帝的标准打造这个孩子，在他身边二十四小时都有人包围着、约束着。

被人约束，就可能被人施爱或者被人施害。弱小的皇帝到底遇到了些什么人呢？经验告诉我们，哪里的人都有好有坏，溥仪身边的人也不例外。

据说，溥仪小时候被太监宫女玩弄，以至于影响了溥仪成年之后的夫妻生活。

夫妻生活不仅限于床笫。除此之外，帝后新婚后的生活还是有亮色的。资料显示，他们在紫禁城里打网球、照相、赏月弄花、吟诗作画。甚至为了方便在宫中骑单车，溥仪还下令拆掉了各个宫殿的门槛，以方便俩人骑车进出且不用下车。

溥仪还有权得到更多女人,他在大婚的同时也纳了妃子文绣。但自一开始,溥仪就把婉容当成正宫娘娘,婉容定期收到的银两也数倍于文绣。因此,在紫禁城里的日子,婉容连后宫内斗也不曾有过。

溥仪皇帝在不得不逃离紫禁城时,为什么会选择天津呢?我坚信这其中有婉容的原因。

本来,离开天津回京嫁人,就是婉容命运中的意外章节。现在既然紫禁城已无法立足,那么婉容便自然怀念起她生活过且喜欢的天津了,尽管这当中也有许多政治上的权衡与算计,但一定存在个人情感因素。

在之前已避居天津的清朝遗老中,自然不乏"忠臣","张园""静园"的主人热情地迎接了逊帝溥仪一行,而溥仪携带的巨量宫廷文物、珠宝,也够他们花上三生三世。

如果说男女有别、帝后有别的话,溥仪来天津有太多的无奈与失落。他心里念念不忘的是:大清江山在我溥仪手上丢失,我如何面对列祖列宗!我怎能配做努尔哈赤的子孙!

溥仪显然没有李煜的诗词才华,否则会不会写一首宣统版的《虞美人》呢?但婉容仿佛更容易接受命运的改变,她回到了熟悉的租界。两年多时间,海河的风物人情变化不大,不同往日的是她的身份——那个无拘无束的少女婉容,被眼前这个雍容华贵的皇后取代。

在历代皇帝中,溥仪也许还是个心疼老婆的人。在条件允许时,他会满足婉容的需要,打牌、跳舞、喝茶、交际、吸大烟,甚至他还以继续慢待文绣的方式讨好婉容。

隐居天津的七年光阴，算是这对帝后从云端跌落人间的日子。也许正由于此，他们才过上了人间的快乐生活。

从这一时期两个人留下来的照片可知，夫妻俩无论西装革履配精致旗袍，还是悠闲衣衫配花衣花帽，或在花园小憩，或在球场挥拍，或迎送来宾，或宴会杯盏交错，都还洋溢着富足生活带来的淡然和从容，展现着"油光水滑"的面貌。

当然，平静的外表之下，还是暗流涌动的。

废帝溥仪对于失去皇位，尤其对于被逐出皇宫还是心有不甘的，他寻找东山再起的机会，而婉容主导不了她的男人的方向，她只能在花钱与后宫争斗的过程中刷她的存在感。

日本人早就盯上溥仪了，为了实现灭我中华的罪恶目的，他们要先行割据东北，于是成立了伪满洲国。会说汉语的土肥原贤二用他那三寸不烂之舌，说服溥仪做了傀儡皇帝，从宣统变成了康德，婉容也从宣统皇后变成了康德皇后。

但是，伪满洲国其兴也速，其衰也速。如果说溥仪第一次、第二次退位，退的都是大清国皇帝之位，退位之后，他还是大清逊帝或是"中华民国"的子民。但第三次退位，退的却是伪满洲国的位，而且随即沦为苏联红军的囚犯，后又沦为"中华民国"以及中华人民共和国的囚犯，最后被中华人民共和国特赦。

在伪满洲国，嫁鸡随鸡的婉容更像是被迫"东山再起"。如果说命运"降大任"于溥仪，让他登上宣统皇帝宝座，婉容因命运眷顾成了正宫娘娘，那么，他们这时的内心还是充满感激的。可离开天津去长春，当什么康德皇帝皇后，便有些让日本人用枪押上御驾的味道。

人在溺亡之前，即使身边有一块木板、一根稻草，也会抓住不放的。溥仪也许就是把日本人当成了这根稻草。

1945年，随着日本战败投降，伪满洲国成为一堆肮脏的垃圾，溥仪仿佛才醒悟过来。

在之后的"东京审判"中，溥仪作为证人，亲口指证日本战犯在伪满洲国时期的作为，充满了昔日傀儡皇帝对日本主子的愤怒。

如果把阴森森的紫禁城比作禁锢自由的狼窝，那么位于长春的伪满皇宫则更像是虎穴。

婉容在紫禁城也许受过委屈，但那是来自她热爱自由的个性与宫廷礼节上的冲突，而到了伪满皇宫，她的身边却多了一个神秘且让人害怕的角色——日本特务。

日本人在主导康德皇帝皇后"执政"行为的同时，还监督这对帝后的私生活，包括他们的信仰。日本人甚至酝酿着给溥仪物色一个日本女子为妃，希望康德皇帝的继承人有二分之一的日本血统；他们安排溥仪亲自赴日本拜会天皇，且强迫他迎奉日本国教为满洲宗教……凡此种种，溥仪除了隐忍已无反抗之力。而婉容则受伤更甚，当"七年之痒"早已过去，有了些老夫老妻的感觉时，溥仪虽然拒绝了找日本妃子的"好意"，但还是做出妥协，即在长春日语学校找满族少女。谭玉龄、李玉琴就是在这种情况下，先后到了溥仪身边成了他的祥贵人、福贵人的。如此，婉容受困于"鸟笼"不说，还备受冷落与煎熬。她只有用不断加大剂量的大烟土来麻醉自己。可以想象，当曾经备受皇帝宠爱的婉容住在楼上，而皇帝与迎娶的新贵人住在楼下且有说有笑之时，婉容是一种什么心情？

当大难临头，溥仪准备逃往日本时，他曾专门见过重病中的婉容，还亲口对这位皇后说："你注定是我的陪葬品。"

溥仪是在逃亡的途中丢下病重的婉容的。这时的婉容也已对溥仪绝望，她其实早就想从"伪满洲号"的贼船上下来了。

据说，婉容曾避过溥仪，暗中派人联系过民国要员顾维钧，只是当时情况太过复杂和紧急，顾对婉容派来的人表示无能为力而已。

后来她被关进延吉的一所监狱，面对青灯冷月，她恐怕无数次怀念少时在荣源府，在张园、静园的生活。

婉容最后半疯半癫地反复咒骂自己的父亲荣源，说他因为想当国丈，才把女儿嫁给一个废帝、一个废男人。

在外人看来，美丽的婉容在四十岁那年告别人世是可怜的，叫人无比惋惜。

但同为囚犯却关在别处的丈夫，那个两次令她当了皇后的男人却对她没有怜惜之情，不仅如此，还对她怀有深深的怨恨。

是的，溥仪大概率无法与婉容过正常的夫妻生活。这一点，与溥仪离婚的妃子文绣和他最后一任平民妻子李淑贤在回忆录中都有记述，可以佐证。

即便如此，皇帝溥仪也容不得婉容与"下人"私通，更不能忍受婉容生下"孽种"!

从道德层面看，溥仪认为他在这一点上绝对掌握了主动权，也认为自己有权捍卫皇帝和男人的尊严。

也许人都有寻找心理平衡的需要。一受清朝权奸袁世凯戏耍，二受民国军阀欺负，三受日本人绑架，这时的溥仪，有一万个理由要在对付"奸夫淫妇"上发泄自己的愤怒与不平。他下令驱逐了那个给他戴绿帽子的男人，下令烧死了婉容生下的那个仅仅存活了几个小时的婴儿……

一个连自己亲生孩子的性命都守不住的女人，还能有生的信心吗？丈夫把她打入冷宫，那个给予她一丝温暖与希望的男人也已被迫消失无踪！婉容也许只能在心力交瘁、流干眼泪的深夜，驾鹤西去。

我无法接受八卦文章中所谓婉容是在"养汉偷情"的说辞，我更愿意把她看作是"危楼"下的逃生未遂者。

婉容的所谓出轨，会不会是一对失去自由（离婚与恋爱）的年轻男女对悲惨命运的反抗？婉容本是有血有肉的人，她想表达自己生存的意志，她想获得爱，想当母亲，也许还想以此报复丈夫对她的冷落与摧残。遗憾的是，正由于她是皇后，她遭到溥仪反报复的程度才更甚、更激烈、更令她难以承受。

荣源家的格格，娇娇而生，惨惨而死，叫人怎能不掬一把同情之泪！

2020 年 7 月 28 日于北京

苏公祠

在唐诗宋词的背后,往往有一些动人的故事,故事中当然常常闪现着作者的身影。我由于喜欢唐诗宋词,所以看多了便喜欢并崇拜起作者来。

先是李白,他的浪漫、他的才情曾令我十分仰慕,也令我暗暗地想模仿;后来杜诗看多了,又被杜甫忧国忧民之心感动,觉得杜甫更深刻一些;而现在,我完全拜倒在另一个伟岸的身躯——苏东坡面前。

我在海南工作过,海口市琼山区有一个号称"琼崖胜境"的五公祠,我参观过不止一次。海南曾是中原王朝流放遭遇贬谪的官员的不毛之地。唐宋时期就有五位,分别是唐宰相李德裕,宋宰相李纲、赵鼎,以及宋朝大学士李光和胡铨。

五公祠的一侧,是更加著名的苏公祠,是专门纪念同样被贬谪到海南的苏东坡的。

在这个中式园林风格的庭院中,祠堂是保存完好的古建筑,宽敞明亮,苏轼的全身雕像立于正中,两侧有廊柱,悬挂着一副楹联——

此地能开眼界,
何人可配眉山。

十二个字,既颂扬了苏轼,又赞美了四川眉山,可谓一副妙联。

这也令我回想起自己曾经到眉山参观三苏祠的情景。

苏轼无疑是个神童。当神童有幸受到大文学家父亲苏洵的栽培,再有大文学家弟弟苏辙的相伴时,苏轼在历史的天空上大放异彩也就顺理成章了。

苏公祠

一门父子三词客，
千古文章四大家。

这是三苏祠大门两侧悬挂已久的楹联。中国上下几千年，除了曹氏父子（曹操及其子曹丕、曹植）外，也就苏氏父子配享此殊荣。

单说苏轼，他在20岁时中进士，宋神宗时曾在凤翔、杭州、徐州等地为官。元丰三年，即公元1080年，他因"乌台诗案"被贬到黄州任团练副使；宋哲宗即位后，他又获得重用，任翰林学士、礼部尚书等职，并外放杭州、扬州等地。但好景不长，苏轼晚年又因新旧党争而再度被贬，先惠州，再儋州，最后在宋徽宗时期再获大赦。可惜他在北返开封过程中，途经常州（现江苏省常州市）时不幸病逝。

苏轼一生的仕途不顺，可谓"两起两落"，结局定格在"落"字上。最后虽有曙光闪现，但遗憾的是，他尚未与落实"老干部政策"的宋徽宗握手道谢，便撒手西去。

苏轼在文学、书法、绘画上的贡献，无须作者浪费笔墨。我在这里单独要说的是，如果要寻觅诗词背后的作者形象，探讨人格、性格的话，那么，我便忍不住在此抄几句苏轼的《赤壁怀古》——

大江东去，浪淘尽，
千古风流人物。

> 故垒西边,人道是,
> 三国周郎赤壁。
> 乱石穿空,惊涛拍岸,
> 卷起千堆雪。
> ……
> 人生如梦,
> 一尊还酹江月。

如果把苏轼看成一个官,那么他的官运实在是太差了,看看他在仕途上歪斜的脚印,就不能不让人同情和怜悯。但可贵的是,苏轼不仅仅是一个走在起伏不定的官道上的人,他还有另一条路可走,那就是文艺家的路。看看《赤壁怀古》,其文学手法暂且不表,单就作者看待历史成败之旷达,看待岁月星河之苍茫,就不难想象,苏轼会是怎样举重若轻地对待自己的福兮祸兮的。

显然以苏轼的性格,他是不会被击垮的。在被贬惠州期间,当朝的政敌本要给他难堪,给他点罪受的,可他却以自己的诗作表达了自己的心情——

> 白头萧散满霜风,
> 小阁藤床寄病容。
> 报道先生春睡美,
> 道人轻打五更钟。

作为一个外放降级使用的小官,在荒蛮的惠州生活,他没有失意落魄的悲叹,反而有如此岁月静好的轻松,呼吸清爽,高枕无忧。这无疑使朝廷当权者十分不快。

有史料记载,正是由于这首诗惹祸,苏轼再一次被贬,而且这一次贬谪之地比惠州更加荒蛮,须跨过琼州海峡,前去孤悬海外的海南儋州。

可是政敌低估了苏轼,他有一颗超强的心脏,他仍然不会被打倒。他在海南开学堂、授大课,竟使海南历史上第一次有了举人、第一次有了进士,后世有此记载,"琼州人文之盛,实自公启之"。

更有意思的是,苏轼不把自己当作传统意义上单纯的文人。在一首首浩然荡气的诗词中,他虽然常有出世以后的万千境界,但在现实生活中,他又常以入世甚深的状态生活。他的朋友圈没有篱笆,他既是坐堂老师,也是打井师傅(有浮粟泉为证),还是炖肉厨师。在中国人的餐桌上,用大文豪的名字命名的传统名菜——"东坡肉"绵延千年,至今有着超高的点菜率,试问谁能找出第二例?

显然,东坡先生有着旺盛的生命力,有着丰富的生活情趣,有着井喷一般的创作欲望和才能——

  明月几时有?
  把酒问青天。
  不知天上宫阙,

今夕是何年?

时至今日,人们仍把苏轼在约千年前写的这首《水调歌头》当作咏明月、道人情的巅峰之作,说他空前绝后,绝无异议。

古代文人有着多情傲物的传统,也许是"万般皆下品,唯有读书高"的价值观使然。有才而多情的文人雅士,行为放荡猖狂者不在少数。也许在男尊女卑的封建社会,这已见怪不怪,因此纵有千般才情,落笔于女子时,目光往往朝向烟花巷,流传下来许许多多的诗句便是明证。

但苏轼却显得另类,他把深情而凄美的词句献给了亡妻——

> 十年生死两茫茫,
> 不思量,自难忘。
> 千里孤坟,
> 无处话凄凉。
> 纵使相逢应不识,
> 尘满面,鬓如霜。
> ……

在我看来,这首《江城子》如果不是世上写给妻子最为深情的诗词的话,那也应该是排在前三位的佳作。在这首词的背后,昂立着一位深情的正人君子。

我的笔弱,道不尽苏轼的为人为文(包括他的书法与绘画),我也看不完天南地北、国内国外的苏公祠。但是作为苏轼的粉丝,我已在内心深处为他建立了一座无形的苏公祠,我为这座苏公祠撰写的楹联如下:

　　坎坷人生有如地狱跋涉,
　　乐观天下好像天堂舞蹈。

　　横批:苏轼永生!

　　我以为我从苏轼那里获得了一把观察世相的钥匙。人生无论从商也罢,从政也好,图名图利图东图西,其实都是一个求生的手段,真正的人生目的,往往超越物质世界,在于内心的充实与快乐。而能否达到这个目的,往往不取决于外在的条件,而在于有什么样的心态和用什么样的方法。
　　苏轼堪为楷模!

2020年2月5日于北京

巴伐利亚的魅影

中国人申请到国际驾照以后,能否在欧洲国家租车、自驾游?回答是肯定的。我与两个朋友在 2019 年就成功地体验了一回。

我们开着在巴黎租来的汽车抵达德国巴伐利亚州首府慕尼黑的时候,恰巧遇到一个彩霞满天的黄昏。

按照网络预订,我们入住了一家汽车旅店,随后便想找一个可以喝点酒的去处。酒店服务人员热情地给我们推荐了一家历史十分悠久且名气很大的啤酒馆,还说这家馆子的猪手驰名欧洲。

入夜,我们兴致勃勃地出门,穿过一条狭窄而古老的街道,再拐一个小弯,就看见一座相对独立的欧式建筑。古朴的砖墙上已有明显的风化痕迹,石材门洞口也是斑斑驳驳的模样,地板砖有些凹凸不平,显然是人走得太多导致长期磨损。

门口外墙高处挂着徽章造型的招牌,招牌中镶嵌着两个英文字母"HB"。来来往往的人很多,颇有些剧院入口处的情形。我们汇入人流,沿步行楼梯上了二楼,未料二楼室内十分宽阔且与一个更大的露天平台连通着,纵横排列着铺有白色餐布的餐桌,但每一张桌子四周都熙熙攘攘坐满了人,真有些人山人海的感觉。

我们站在一旁,一边等空位,一边观看这大快朵颐的景观。只见那些桌面上堆着一个个散发香气的酱红色猪肘子,与之相匹配的是,围坐一旁的食客人人都端着大号啤酒杯,无论男女。

我们身旁还有几个也在等位的人,可是左等右等不见有服务员过来招呼,反而有后面来的客人见缝插针,抢先找到了位置。我当时想,加塞儿的人哪儿都有啊。

既然这样，我们也依样学样，见哪桌客人要走，就赶忙过去，在桌子一旁站着等。好在这个方法在此通用，没有谁笑话谁。

服务员腰上别着POS机，站在客人身边就近买单。等客人刚一离座，他就抽出后背上的抹布，只三两下就清理完桌面，即时让我们落座。动作麻利，效率奇高。

有中年女服务生，膀大腰圆，穿着低胸上衣，乳房饱满得如同排球一般。我们点了菜，她OK一声，把单子塞进双乳之间后扭头就走。只几分钟工夫，一只胳膊横着，架着两个肘子，另一只手抓着两扎啤酒，"咚咚咚"就放桌子上了。由于动作太大，啤酒沫外溢不少，她接着放一沓纸巾，就被另一桌客人叫走了。

那晚估计有上千人同时就餐，有乐队演奏，有手舞足蹈的客人，有在啤酒中加入生鸡蛋慢饮的情侣，也有满脸通红地吃喝着的酒鬼……我可见识了什么是德国啤酒馆！

我用手机翻译了菜单上的文字后，惊讶地发现，我置身的饮酒吃肉之所名叫皇家啤酒馆，茜茜公主、列宁、莫扎特等历史名人都曾光顾过这里。为了保留浓厚的历史氛围，现在的啤酒馆老板尽量让室内室外保持着过去原有的风貌。

我一边喝着啤酒，一边通过手机搜索、查看过去与此相距不远的另一家啤酒馆，即贝克勃劳凯勒啤酒馆（二战后已被拆除）的故事。

1923年11月8日晚，巴伐利亚邦长官卡尔、驻巴伐利亚德国国防军

巴伐利亚的魅影

司令洛索夫和邦警察局长赛塞尔等地方政府要员在贝克勃劳凯勒啤酒馆开会，听众有数千人，希特勒此刻率领纳粹冲锋队冲入会场，挟持上述官员，宣布起义夺权，成立纳粹政府；第二天，他又率领其党徒，冲击州议会和警察局等要害部门。但行动遭到当时执政的魏玛共和国军队开枪镇压，希特勒事后被捕并被判处有期徒刑五年。

政变虽然失败了，但希特勒因此名声大噪，他高喊的"德意志高于一切""要建立强大的德意志"等口号，极大地"鼓舞"了一战失败的德国民众，也得到魏玛共和国体制内许多势力的同情与支持。

希特勒坐牢期间冷静地总结了暴动失败的教训，获释后他改变了策略，放弃了街头暴力，改为通过调查研究，巧妙地宣传鼓动，以"开空头支票"的方法争取民意。于是，在1932年7月31日，德国举行议会选举时，希特勒领导的纳粹党获胜。其后，希特勒巧言令色，又取得前王室的支持，威廉二世就给过纳粹党二百万马克的援助。

1933年1月30日，希特勒如愿登上德国总理宝座，随后前政权——魏玛共和国终结，第三帝国宣告诞生。

希特勒由此开始了为期十余年的独裁统治，德国逐步走向癫狂和毁灭。而希特勒及其追随者发动的第二次世界大战，给世界人民带来了巨大的灾难，其罪恶之深重，即使判他一百次绞刑，也难平复热爱和平的人们的愤恨之情。

也许是二战题材的书籍和影视作品看多了，我在德国期间，不由自主地寻觅着有关二战的遗迹。

我们离开慕尼黑后，又来到纽伦堡。

纽伦堡是巴伐利亚州继慕尼黑之后的第二大城市，第二次世界大战结束后，国际法庭在这里对纳粹战犯进行了公开审判。因此，纽伦堡也因"纽伦堡大审判"而广为人知。

当然，这个城市的工商业也一直走在德国经济发展前列，诞生了诸如西门子等一批世界级企业。

作为游客，我们来到纽伦堡，而今天的纽伦堡比过去更具现代气息，世界知名品牌的商品琳琅满目。当然，战后德国早已唾弃了纳粹党以及民族主义国策。据说，政府立法取缔了一切有关纳粹的历史遗迹。除此之外，他们重视文物古迹的保护，古老的教堂、车站、街道、城墙等都成了游客打卡的热点，散发着浓浓的古意。

我拍摄了许多照片，闲了在宾馆查看有关纽伦堡的历史照片，尤其是二战题材的照片。对比一下，竟发现有许多似曾相识的场景，这让我一下子感觉二战的历史离我近了许多，而我也有了一些在现场的错觉。

希特勒春风得意期间，把纽伦堡作为纳粹党的党部所在地，每年都会在这里召开纳粹党代表大会，而臭名昭著的《纽伦堡法案》就是在纽伦堡炮制出台的。此法案一出，大规模迫害犹太人的行动就拉开了序幕。

1945年4月30日，当苏联红军兵临城下之时，希特勒为了逃脱世界人民和历史的审判，匆匆忙忙地自杀了。

对于终获二战胜利的世界人民来说，希特勒因自杀得以逃脱法律的惩处是遗憾的，但"纽伦堡大审判"却明白无误地把希特勒及其党羽钉在了历史的耻辱柱上。

纽伦堡既是纳粹党发展壮大之地，又是纳粹党徒接受审判与埋葬之所，既有戏剧性，又有着强烈的象征意味。

据有关文献记载，由于纳粹党的犹太灭绝政策，二战期间多达数百万犹太人死于纳粹的迫害与屠杀，其财产损失难以估计。

回国后，我在电影频道看了德国人拍摄的二战题材的电影《我们的父辈》，感觉与以往同类题材的电影不同，它不表现战争胜败，而是反思战争的成因，表现战争中不同的人性。

今天，二战的硝烟虽已淡去，希特勒也早已化为粪土，许多惨绝人寰的往事已成为艺术家们反复使用的文学素材。但历史不能被忘记，无论是哪国的历史，都应该成为人类文明发展的一面面不可或缺的镜子。

2020 年 3 月 3 日于北京

池袋本町

"池袋本町"是个日本地名。

池袋是城区,本町是社区。池袋与著名的银座、新宿、涩谷、浅草同为东京都(市)的繁华街区。

池袋以池袋车站为中心,出池袋车站北口,步行七八分钟,穿过首都高速(高架)路,就到了池袋本町。

2020年2月,日本也在受新冠病毒侵扰,我按之前的行程计划来到东京,由于心存恐惧,我便自我"隔离"——不去旅游热点地区、不去商店、不逛街、不下馆子。

在日本的朋友李伟帮我们租了一处房子,就在池袋本町一丁目X—X号。

整个本町社区像个不规则的象棋盘,网格状的街道不宽,好在规划的多是双向车道而且与四周的城市干道相连,道路微循环十分畅通。也许是作为古老的街区,整个社区的房屋都只有二三层高,一家一户整齐地排列着,有新有旧,大多没有庭院,没有围墙。这种建筑在日本叫"一户建"。如果在中国,这种房子可能会叫日式别墅。但日本人概念中的别墅,应在郊区且有院落花园。每户人家门口都挂门牌号,比如"池袋本町一丁目18—7",旁边还标注户主姓氏,如松本、高桥、田中、濑户等,类似于中国的王家府、李家宅、刘家第等。

以往外出旅游,起得比鸡早,跑得比狗快,收获也只是浮光掠影。在异国他乡,租房而居,便令我有了旅居的感觉。

左邻右舍都住着日本人,但受语言所限,几乎零交流。据李伟说,日本人的邻里关系本来就生疏,人人都注重个人隐私,个个都防范他人。好在我

用眼睛观察,也能看出一点皮毛。

日本一户建的特点,在于地皮永久归属买家,可以自用或传承多代,当然也可以买卖转让。业主可以拆旧建新。但日本建筑法规定,新建房屋占地平面在临街的一面要内退一定尺寸。因此,本町社区的新房大多门口宽敞一些,而旧房则紧临街道。正因如此,常年都有零星的脚手架和施工人员拆旧建新。所幸日本的建筑与物业管理细腻规范,施工并不影响居民生活。

一户建尽管不高,占地面积也仅有几十平方米,一层常有一个停车位,二三层房屋也狭小,但居住的家庭往往是一家三口。而由于日本结婚率低,丁克族多，一家两口甚至一家一口者也不少。

也许是土地太金贵，我在本町社区没有见到太多大体量树木，门前屋后多是精致的小树或盆栽，修整得恰到好处。偶尔在街角空地上有零星古树，枝干黑粗，据说是日本国花——樱花树，到花开季节，可以想象会是什么景象。

本町社区有一个占地颇大的古寺——重林寺，走进寺内，有汉唐风格的大殿，飞檐翘角，只是用了少见的浅绿色屋面瓦，与北京的黄色琉璃瓦相比，显得清幽冷静。寺内游人寥寥，衬出寺院的庄严肃穆。据说二战时期，因美军轰炸，重林寺曾短期借予学校使用。与重林寺相对应，在本町社区另一端，有一个规模稍小的神社——冰川神社。

这两个去处，给本町社区增添了浓厚的历史感和神秘气氛。

我也看到一所交通短期（学制短）大学和区立中小学校。印象深刻的是，女大学生上身穿着冬装，但裙子下却裸露双腿。想必日本女子要风度不要温度多。令我感慨的是小学放学时，很小的孩子背着双肩包，成群结队地走在路上。李伟说，日本人很少接送孩子上学放学，因为过度爱护孩子在日本被人看成素质低下的表现，他们更倾向于从小培养孩子的意志力和独立性。

闲时我们在本町社区游逛，发现这里有一处名为"能看见电车的公园"，约几百平方米，一边有三株古老的樱花树，这时还没有开花；公园左右对角各两株桃树，却已花满枝头，有老人孩子在草坪上玩耍，为数不多的鸽子也喜欢热闹似的，哪儿有人偏去哪儿。电车每隔一会儿就会轰隆隆过去一列，果然名不虚传哦！

这般情景，让我想起看过的日本电影片段——但凡出现东京的居民社区，便与眼前看到的类似，一片楼宇，看似杂乱，而又井井有条，人来人去而又秩序井然。当然这也会令我联想到北京街头越来越多的便民公园。

我们坐在公园休闲椅上，看着四周的老房子，百年沧桑岁月，给人带来一丝恍然隔世的感觉。

在池袋本町纵横交错的小巷中，星罗棋布地摆放着自动售货柜，专售饮料且有冷有热；另有超市、药店、自助洗衣店等，所需服务应有尽有。我想，如果安居此处，生活是十分便利舒适的，如果不想跑远路，是哪儿也不用去的。

几乎所有的超市都有白色小盒包装的纳豆——黄豆浸泡发酵成黏稠状，搅拌一下就会出现细丝儿。联想到我在东京餐馆里的发现，我猜这纳豆在日本人的习惯中，其作用大概与中国人的豆腐乳差不多。

据说，这个食品是在日本南北统一战争时期无意之中被发明的——南方军队的士兵都背着干粮袋，袋中装有黄豆，行军中遇到下雨天，黄豆淋雨后发酵，士兵们舍不得丢掉，有啥吃啥，不料发酵过后的黄豆更好吃。如此一来，几经调制，现在成了日本特色的传统美食。

有一天，我们走进了一个咖啡店，守店的只有一个三十岁左右的男子，身材超胖。做了三杯咖啡后，他回到吧台，静静地看墙壁上的电视，好像是相扑比赛。

我们好奇，日本人何以喜欢大胖子相扑？漂亮的宫泽理惠与贵乃花的恋情怎么会轰轰烈烈开始，又静悄悄结束呢？

李伟说，贵乃花是日本相扑界明星，不过现在已退役，当下活跃的相扑新秀，多是蒙古国来的运动员。这令爱面子的日本人十分沮丧，观众也在慢慢流失。李伟转过身去与店老板聊了一阵，回来说，这哥儿们少年时的确练过相扑，慢慢被淘汰后，只好改行开店谋生。

李伟还说，本町社区的店铺，多与这个"相扑咖啡先生"一样，把自家的一户建改建成店铺，一二层经营，三层居住。

到今天为止，我在本町社区已经住了十天。如果说以往对东京都的印象仅限于旅游景点，如皇居、东京塔、浅草寺、天空树的话，那么这一次又多了一个居民社区。

也许以后再来东京，我还会选择住在池袋本町。

2020年2月20日于东京

第四章 随想

谁家的北京城

华夏第一楼

琼崖往事

你是哪里人

一人一部吃喝史

好狗康宝

二十年后忆今天

谁家的北京城

读王军先生的专著《北京·城记》，可以对北京城的前世今生有个大概了解。中国历史上的五个朝代，辽、金、元、明、清，把北京或作为陪都，或作为首都。那些坐在金銮殿上的天子英雄，无疑都把自己当成这座城市的主人。而生活在这座城市的老百姓，无论属于哪个朝代的子民，都会把自己生于斯、长于斯的北京城看成自己的家园。

新中国成立后，北京是全国的心脏，谁又能不羡慕和向往北京呢？

我参军来到位于湖南山区的基建工程兵部队时，北京还是我脑海中的一个梦幻般的传说。

可是1980年春节刚过，我接到上级命令，要我务必在元宵节前赶到我们部队所属的北京指挥部报到。好消息来得太突然，令我不敢相信。我使劲拧自己大腿，发现这不是做梦，是真的！

我打起背包，拿着政治处领导给我的字条，从邵阳乘火车到长沙，转车到郑州，再转车上了北去首都的火车。

八十年代的北京还没有西客站，我从老北京站下车时已是晚上，按字条上的指引，我上了103路公交车。不料人多车挤，等我好不容易挤上车的时候，后背上的背包却被车门夹住了，我动弹不得，车门一次次关不住，售票员喊着："里边里边，再往里一点儿。"回头又对我说："你这个解放军也真老实，人被车门夹住了也不知道吭一声儿！"

我一下子无地自容，脸上发烧。我当兵前种过地、拉过架子车、赶过牛马车，到部队后也只见过首长坐的吉普车，我们战士偶尔遇到好机会，也只能坐一坐解放牌大卡车。

第一次进北京城，踏上北京的公共汽车，车上又坐满了说话利利索索的北京人，且感觉他们好像个个都身上带着刺儿。在这当口儿，我真不知说什么好。

我们在湖南时住的营房，附近没有人烟，周围是连绵起伏的山丘。在北京的营房却与北京市民的住宅区仅有一墙之隔，有时还不得不共用一个球场、一个园林绿化带。这样，我们与市民接触的机会就多起来了。

"铁打的营盘流水的兵"，尽管我们的营盘在北京，但我们心里明白，哪一天脱了军装，哪一天就得离开美丽的北京城。于是我们羡慕北京人，羡慕他们住的单元房，羡慕他们有自行车，羡慕他们用月票乘公交车，羡慕他们熟悉北京地铁一号线、二号线的不同站点。当然，更羡慕他们说话带有卷舌的口音，仿佛会卷舌头是一种了不起的本事。

当然，有个别的北京人在俯视我们，叫我们"当兵的"，或者私下议论"大头兵"。说这些话时，他们还往往面露不屑之情。

我们有时候坐公交车，碰到年轻的姑娘，人家姑娘也有意往一旁躲一躲，好像"当兵的"身上的汗味熏着她们。

其实，哪个城市都可能有一些人残存着排外意识，言语中流露出本地人的优越感，而作为天子脚下的有些北京人也不能免俗。在世俗面前，我们这些来自外省的乡村子弟，除了仰慕北京，剩下的就是自卑与勤奋了。

好在部队有一条进步的阶梯，只要努力，改变命运是有可能的。我不敢懈怠，相信埋头付出的努力够多的时候，就会收到回报。

当我提干以后，穿上四个兜的军官服的时候，我也可以享受在北京找对象的政策待遇。于是在京工作的老乡李秉钧叔叔便帮我介绍了一个对象，见面之后，我俩很快就陷入热恋当中。这位姑娘的妈妈老家在河北涿州，也许正由于此，她不在意我说普通话是不是标准，反而说农村出来的孩子能当兵提干，证明有出息。

我与这位北京姑娘开始了为期数月的浪漫故事，我们去逛隆福寺，体验两人吃一碗馄饨的情调，去北海公园划船……

这期间，我想到几年以前我还在山坡放羊的情景，再看看眼前这位穿着牛仔裤、戴着麦克镜、留着披肩发的姑娘，觉得美妙得有些虚假。

八十年代初，中央军委"百万大裁军"的政令很快降临，我们部队不得不集体转业并落户河北廊坊。这个消息令我不知所措，也叫这位可爱的姑娘一次次梨花带雨，她表示要跟我离开北京，我去哪儿她就跟我去哪儿。

我为她的勇气而感动，可是姑娘的爸爸不同意。理由是，当初之所以同意女儿与我谈对象，是因为部队干部转业可以落户北京，可是现在要去外地，两个人就没有必要谈下去了！

我当时很难受，但冷静下来想，既然别人看不上我将来的廊坊户口，那我也就没有必要勉强了。

我后来没有去廊坊，而是调到与我们同属一个师的351团，随该团转业到了省城西安。

回西安报到后，第一个周末我就回到位于西安郊县（现已撤县设区）农村的老家看望父母，也顺便帮助父母下地收割小麦。

回想几天前，我还在长安街、王府井与那个时髦的北京女郎并肩而行，可是几天后，却不得不在这块父辈一辈子没有做完庄稼活的土地上干活，我禁不住流下眼泪。

我对北京有一种得而复失的感觉，好像北京与我开了一个玩笑，北京戏弄了我。

一年后，我从西安调入深圳。这时，正值八十年代中后期，作为经济特区的深圳，此时既风云激荡，又光怪陆离。

我下海经商，盈了开怀，亏了郁闷，轮回起伏之间，总还有些收获。当北京城与我越来越远的时候，我却在位于深圳宝安路的北京大厦二楼利苑酒楼吃饭时，偶遇一位来深圳出差的北京女子，即时开启了一段异地恋的故事，不久后喜结连理。

结婚后，我们决定在深圳定居，夫人也毫不犹豫地把北京户口迁入深圳，几年后我们喜做父母。

我有十足的满足感，既然之前那个北京姑娘因为我没有北京户口而与我分手，那么我就另外娶一个有北京户口的女子来深圳。至少在我的新婚夫人眼里，深圳户口与北京户口平起平坐。

这一时期，作为深圳人，我因为业务需要，经常出差到北京。每每坐上当时满街跑的面的，听一听车上正在广播的长篇评书，或者京剧、相声、京韵大鼓，令我感觉北京与深圳相比显得有些落伍了，由此我竟产生了身为深圳人的优越感。

可是这种感觉很快就消失了，对于不喜欢海鲜与股票，不喜欢一年四季没有差别的蓝天白云而习惯北京生活的夫人来说，她总有一种怅然若失的感觉。有一天凌晨起床,她突然说:"咱们,能不能,搬家回北京呢?"

"好呀!"她本来还在犹豫,谁知我回答得如此干脆。事后我们聊起来才发现,在我们两人的心中,其实总有一个磁铁一般的北京城。

迁回北京的几年里,一个时期要靠近医院住,考虑方便我们双方父母就医;一个时期又要住在靠近学校的地方,因为女儿要就近上学。于是,我们来回搬家,先南城再北城,现在东城;从二三环之间,到三四环之间,再到五六环之间,加上在部队时我住过西城,算一算,我竟然住遍了北京的东南西北城。

夫人跑来跑去地忙了一阵子,把她和女儿的户口迁回北京,事后,我也以失业需要投靠夫人为名随迁入户(政策如此)。尽管这是名义上的说法,但我感觉北京户籍政策仍然高高在上,在此"羞辱"了我一把。

我拿到北京身份证之后,从户籍角度上说,便真正成了北京人了,但我在心里仍然缺少这份自信。

我听马未都先生说起北京人对自己的身份认同时,还有一个味觉标准。比如去牛街喝豆汁儿、吃焦圈,再有就是老字号的卤煮、爆肚、羊头等等,真正喜欢且迷上这一口了才算真正的北京人。我无论如何也无法认同这些个名肴有什么好,我的爱好依然是羊肉泡、臊子面。由此说来,我的味觉也难以被正宗的北京人认同,即使他们的年龄可能还不如我住在北京的时间长。

我每次回陕西时,都带着一盒盒稻香村点心,与亲友们聊天时,他们仍然说"他们北京如何如何",显见乡亲们仍然不拿我当北京人看。而我与乡亲们在一起,陕西方言一句也不会少。

终于有一天，我突然就想明白了。北京人的标准是由不同的北京人来定义的，而且没有统一标准。凡是在北京的人，都是北京人，都可以用他们各自的眼光看北京，用他们的嘴说北京，用他们的笔写北京。于是，林海音在她的《城南旧事》中，描绘了她眼里、心里的北京；老舍在他的《骆驼祥子》《茶馆》中写了他眼里、心里的北京；而王朔、冯小刚、马未都等等一干生活在北京的各行各业的人，谁能没有自己眼里、心里的北京呢？就是在京做生意的老板、搓澡的师傅以及来自全国各地的打工者等，都会有自己眼里的北京城。

北京在飞速地发展，它有过城墙又拆了城墙；从原来没有地铁到有了很多地铁；从只有二环路到已经有了六环路；从它有"010"这个座机电话区号，到现在人人一部手机；从北京市政府原来在二环以内的东城区，到现在搬到了六环的通州区；更重要的是，从先前仅有一百余万人，到现在的两千多万人。

北京人，北京城，这不是流动着的北京人吗？这不是变化着的北京城吗？

也许北京原本就不属于任何人，又属于每一个人。是不是可以这样说，你爱北京，你就是北京人，北京城就属于你！

2020年2月8日于北京

华夏第一楼

当今中国,哪栋楼称得上华夏第一楼呢?若单论高度,其实不难回答,看当今中国,谁冲天的高度最高,谁就是"华夏第一楼"。

但若论谁在中国当代高层建筑史上的起步最早,谁在中国改革开放历史上的影响最大,我以为,深圳国际贸易中心大厦(简称国贸大厦)当是名副其实的"华夏第一楼"。

国贸大厦位于深圳人民南路。从香港来深圳,一出罗湖桥关,首先映入眼帘的,就是鹤立鸡群似的国贸大厦。

1986年,在深圳特区成立的第7个年头,国贸大厦以其53层、共160米的高度在当时的中国,算是放了一颗建筑卫星,它雄居华夏第一高,一时引得万众瞩目。

尽管国贸大厦最高的纪录在保持了10年后,被同处深圳的地王大厦(69层、383.95米)超越,但是作为国贸大厦建设的亲历者,无论是看高度超越了它的地王大厦,还是看后来又超越了地王大厦的其他什么大厦,在我的心里,华夏第一楼的美誉只属于国贸大厦。

围绕着国贸大厦发生的一系列故事虽如烟尘远去,但我想用文字把记忆留住,以此告慰那些为建设这一高楼,为建设深圳经济特区做出贡献的英雄!

我是1985年4月下旬调入深圳市物业发展总公司(简称物业公司)的。此后10年,一直是物业公司的一员。由此见证了国贸大厦的建设及其独特的传奇。

物业公司是国贸大厦的筹建单位,我入职时,大厦的主体工程刚刚封顶,正在进行室内外装修。当时公司的办公室设在大厦工地临时搭建的木板房内。

这座极具深圳特区象征意义的大厦，是新中国自1949年成立之后，第一座由我国自行设计、自行施工、自行管理的超高层大厦。

著名建筑设计师朱振辉先生（后荣任深圳建设局局长）是国贸大厦的总设计师，而承建国贸大厦的是中建三局一公司。在工程施工中，为提高效率，物业公司的马成礼总经理经常组织由设计、施工、监理和市府主管领导参加的会议，反复研究施工方案，成功地采用了内部滑模工艺，极大地提高了施工进度，创造了"三天一层楼"的效率，闻名全国的"深圳速度"就源于此。

时任中建三局副局长的李传芳同志也因国贸大厦的建设而赢得美誉，后荣任深圳市副市长，主管城建。

我刚到深圳时，想拍一张照片寄给远在西安的父母，但要是站在施工中的国贸大厦前，无论怎么仰拍，都无法把人与大厦照全，只有走到十字路另一端，即国商大厦门口，才能把人与国贸大厦放入镜头，照一张全身像。父母亲看了我的照片马上写信来，一是惊讶于我所在的单位如此了不起，二是担心那么高的楼安全不安全。

安全性的疑问其实在深圳人乃至全国人民心中都普遍存在。要知道，新中国成立以来，我们引以为自豪的"新中国十大建筑"中，没有一个是这么高的楼。之前我们从媒体所见，高楼大厦多在香港、东京、纽约等发达地区的商业中心。深圳特区诞生仅仅数年时间，在什么背景下，是哪儿来的勇气，要在北京、上海之外建一栋这样的摩天高楼？

作为改革开放以来第一个特区城市，当时全国聚焦深圳。时任深圳市市长的梁湘也成了明星市长，他以参加高考的心态，试图给中央、给全国人民交出一份满意的答卷。而在这个答卷中，任何经济数据都显得抽象了些，只有城市建设，能够以最直接、最形象、最有说服力的途径彰显特区建设的成就。

改革开放的总设计师邓小平同志第一次亲临深圳视察时，就登上与国贸大厦仅一路之隔的国商大厦（高22层）。在返京前夕，邓小平给深圳留下了著名的题词："深圳的发展和经验证明，我们建立经济特区的政策是正确的。"

我相信梁湘市长受到了这个题词的鼓舞，由此他才更有信心，在国商的对面建设更高的国贸，他也许期待，当邓小平再次莅临深圳时，能站得更高。

深圳早期的房地产开发还处于有限的市场化状态，国贸的用地是政府划拨的，没有资金怎么办呢？由深圳市委和市政府及国家外经贸部牵头，组织全国各省市外贸部门协商，最后达成"集资认购"协议。这样，既解决了工程建设资金问题，又解决了各窗口单位在特区的办公用房问题。这恐怕是八十年代最早的集资建房模式。

物业公司在没有资金、没有土地的情况下，受政府委托，承担了国贸大厦的开发任务。由此可以说，物业公司是政府的孩子，它得益于特区政府"摸着石头过河"的探索精神。政府是家长，企业的属性当然是国有企业。今天也许有人会以现代企业制度来否定这个形式，但熟悉八十年代中国国情的人，无疑认可这在当时是一个创举。

九十年代初，深圳进行股份化试点，筹建深圳证券交易所时，物业公司升级改造，变身成为深圳市物业发展（集团）股份有限公司，仍然是国有控股的股份公司，是深交所首批 7 家上市公司之一。

国贸大厦既然是政府重点项目，那么梁湘市长（后任市委书记）、周鼎副书记、罗昌仁副市长（主管城建）当然时刻牵挂着工程的每一步进程，而物业公司领导们——马成礼总经理、李国栋书记、谭光远副总经理、黄秉泉总工程师和工程部部长姚汉元、管理部部长黄富才、设备部部长陈逍、财务资金部部长付金鳌、材料部工程师孙来壁等，几乎与住在工地上的民工无异。作为秘书，我不是打电话开会，就是在大小会议会场。会议上有时和风细语，有时面红耳赤。

1986 年秋，我们终于迎来了竣工庆典的时候，这时每个参与者仿佛才走出考场。物业人由此给深圳市政府交出了一份高分答卷，深圳人也给中央、给全中国人民交出了一份高分答卷。

有一天，马成礼总经理命我写一份致时任中共中央总书记胡耀邦的申请报告。这恐怕是我此生书写的空前绝后的重要文件。报告内容是呈请总书记为国贸大厦题词，理由是国贸大厦是深圳改革开放的象征，是特区建设成功的标志，总书记的题词将进一步彰显我国改革开放的路线不动摇。成文后公司领导再三修改，定稿后交由时任市委书记的李灏同志转递中共中央办公厅。不久，我们就收到了总书记的题词：

深圳国际贸易中心

胡耀邦

1986 年 5 月

大厦竣工庆典前夕，工程部门已按马成礼总经理要求，把胡总书记的书法铸成金光灿灿的大字，装置在国贸大厦门口墙壁正中。

转眼已过去35年了，其间我每回国贸，都会在大金字前留影。

国贸大厦作为样板工程，我曾接待过太多前来参观的人，竣工后，更成了深圳的王牌景点，"到了深圳，不上国贸大厦等于没有到深圳"成了那一时期的流行语。

作为党委秘书，我俨然成了公司的第一接待员。"我们大厦共有53层，160米，多部进口奥的斯电梯，低区到42层，时速每秒6.5米，高区电梯到53层，也就是观光层。其中有两部有玻璃轿厢的外挂式观光电梯；顶层还有旋转餐厅，它以每小时一圈的速度旋转，楼顶设有直升机坪；一楼大堂有音乐喷泉，副楼有飞碟式异形空间（的士高舞厅）……"我至今熟记这段解说词，那些站在我身后的客人，一边听我讲解，一边发出这样那样的赞叹声。

在旋转餐厅，随着转动着的地面，透过落地玻璃，不仅可以把深圳市一览无余，就连罗湖桥南，即中国香港，也令人感觉近在眼前；粉岭、上水两个高楼林立的市区，仿佛是深圳的社区一样；而粤港边上的铁柱网墙和绿色的岗楼哨卡以及楼上飘扬的米字旗也清晰可见，若用望远镜，港府边防士兵脸上的青春痘有几个都数得过来。

有一天周末，我一人在公司值班，不料已调任广东省科委主任的梁湘市长（在深圳市委书记任上调离，但我习惯老称呼）在他秘书的陪同下来到国贸。我想打电话通知马成礼总经理，但被梁市长制止了，他说他看看就走。

我于是陪同梁市长上楼。我本以为他在旋转餐厅看看就是了，不料那天梁市长执意要爬上楼顶的直升机坪。那时他已是60多岁的老人了，在我与他秘书的帮扶之下，才勉强从墙挂直梯攀上楼顶。那天风特别大，令我担心人会被风刮倒，我与秘书站在梁市长左右，他一句话没说，默默地慢慢沿楼顶巡视了一圈。下楼时，我见他落泪了，秘书忙递上纸巾。我无法体会，当市长告别他的城市时，会有什么样的心情。

而到访国贸大厦的中外嘉宾中，有太多赫赫有名的大人物，而走红毯，题词台前题词，高则旋转餐厅低则音乐喷泉旁边合影，成了接待工作的规定内容。我在编印物业公司纪念画册时，所有重要人物的照片和题词悉数收录其中。

时任国务院总理李鹏同志曾经视察国贸，在音乐喷泉边上，李鹏总理的题词是：

"声光泉虹，天上人间"。

外宾更是络绎不绝，我参与接待的就有美国副总统乔治·布什（后任总统）、日本前首相海部俊树、联合国秘书长加利、新加坡总理李光耀、英女王丈夫菲利浦亲王……

显然，深圳成为中国改革开放的试验田，成为那一个时期成功的标杆。继深圳后，中国又开放了多个沿海城市，设立了上海浦东开发区、天津滨海开发区等，凡此种种，都有赖于深圳的成功经验。

深圳的文化与经济贴得很近，国贸大厦在不同时期的照片屡屡出现在中外的报纸和电视上。深圳人每每自豪的是自己建大楼，中外来宾称赞深圳的往往也是建大楼，国贸大厦自然就成了那时当仁不让的主角。著名摄影家周顺斌先生与我同是原"两万基工兵"的一员，他获得全国摄影比赛金奖的作品《升》，就是一个仰视的工人，站在拔地而起的大楼前，口吹哨子，指挥高处的塔吊。可见，建城、建路、建高楼、建特区……既是那时深圳的主旋律，也是全国人民的共同期盼。

1992年1月19日，敬爱的邓小平同志再次来到深圳，真就登上了与他第一次来过的国商大厦仅一路之隔的国贸大厦。

那天陪同邓小平巡视的有时任广东省委书记谢非、深圳市委书记李灏、市长郑良玉。而作为东道主，物业集团公司党委书记李国栋、总经理黄秉泉、副总经理谭光远等一同登上顶层旋转餐厅。那天国贸大厦就像过年游园一样，公安部门也没有清场，只是维持秩序。邓小平一下车，就在"小平您好"和"祝您长寿"的口号和掌声中走进大厦，走进电梯。

等了多半天，邓小平同志又在一众官员陪同下离开旋转餐厅，从电梯下楼，这时在一层大堂聚集了更多想一睹伟人风采的市民群众，小平同志向大家挥手致意，而掌声、口号又一浪高于一浪。

过了几天，邓小平在旋转餐厅发表了"南方谈话"的消息传遍神州大地。有幸当面聆听邓小平"南方谈话"的李国栋书记事后告诉我，邓小平每句话说得都很慢，也很认真、很有力。虽然有些话很像平常聊天一样，但含意有很强的针对性，很严肃，听了很受启发，也令人终生难忘。

"南方谈话"是中国改革开放道路上具有里程碑意义的资料。正如作曲家王佑贵先生的经典歌曲中所唱："一九九二年，又是一个春天……"

"南方谈话"后的中国，在改革开放的道路上步子更大，速度更快。在我们已然成为世界第二大经济体的今天，回顾以往，我们更能感受到"南方谈话"的高瞻远瞩，其思想的光辉照耀历史，照耀未来。

国贸大厦作为"南方谈话"这一光辉历史的发生地，同样已载入史册。新一代物业集团公司董事长刘声向、总经理王航军等领导，怀着对伟人的敬仰、对历史的珍视，已斥资装修改造国贸大厦，特别是旋转餐厅，现以"南方谈话纪念馆"的形式对外开放，原来小平同志落座处，将再现当年的真实场景。

随着中华大地政治经济的蓬勃发展，目前各地已竣工的超高层建筑已数不胜数。我想，无论将来有多少高楼大厦，但熟悉中国建设发展史的人，是愿意把"华夏第一楼"的美誉留给深圳国贸大厦的，它连同邓小平"南方谈话"一起，永载史册。

当然，老物业的同仁们大多退休了，我们相约，一定择期重回故地，高举酒杯，致敬华夏第一楼！致敬深圳！致敬伟大的中国和伟大的改革开放！

2020 年 3 月 20 日于北京

琼崖往事

海南，别称琼崖。我万万想不到，此生能与这个美丽的宝岛结缘。

1984年底，我作为部队留守机关（西安）的政工干部，护送两名伤残军人回他们的原籍——湛江市遂溪县安置。在与当地民政局办完交接手续后，我见遂溪与海南几乎是隔海相望了，便想顺道过去看看。

小时候看过的长篇小说《渔岛怒潮》，令我对海南充满了好奇，而之后看过的电影《海霞》《红色娘子军》又令我对海南增添了许多浪漫的想象。

当时，作为广东省的一个行政区，海南还没有民用机场，与内陆的交通联系只有水路。我从名叫海安的港口上船，经过两个小时的航程，就抵达了海口的新港码头。

我在海口住了两日，觉得海口路边的椰子树、老城的房屋确有一股子南洋味道，但城市的整体面貌与内地省会城市相比，还有许多差距。街上车辆不多，更少见到出租汽车，而码头上、车站出口处，满眼都是加装拖斗的简易摩托，俗称"嘭嘭车"。

驾驶嘭嘭车的人有男有女，大多是头戴斗笠、衣衫破旧、皮肤黝黑、口音难懂的当地人。见有客来，常常有好几辆车围拢过来争抢，有时难免为此起纠纷。

据说，当时海口的常住人口不到五十万，城市规模不大，感觉上只有几条大街，晚上路灯也时明时暗。从码头坐上嘭嘭车，到任何一个地方，车资也只要三两块钱。

我有一个习惯，即每到一地，必先参访名胜古迹，而海南最有名的地方，则是位于海口市琼山县（现琼山区）的五公祠。

回到西安后，我写就散文《春游五公祠》发表于《西安晚报》上。

本来，一篇小文不足挂齿，未料在次年春，我就是凭借此文，顺利调入深圳市物业发展总公司工作。

三年后的 1988 年，中央决定兴办海南特区。

我们公司决定去海南拓展业务，于是总部便委派我参与组建海南分公司，即后来的新达开发公司。

如果说深圳经济特区的成功具有示范作用的话，那么海南建省办大特区的举措便是在复制这种成功，当时广泛地得到了全国人民特别是青年人的积极响应。

如果说当初深圳吸引人才曾创造过"孔雀东南飞"的盛况，那么海南建省则创造了"十万人才闯海南"的奇迹。

新达公司先在海府路军区招待所长租了一个大开间办公室，在附近的文明东路岭下村长租了一个单元的简易宿舍楼。这个楼简易到室内没有下水管的程度，住顶层五楼的人如果往下水槽倒一盆水，整个楼就会哗啦啦响上一阵子……

也许是条件艰苦，作为深圳在海南设立的分支机构，户口在深圳的部分员工常常难以安心久住。

于是，我们不得不从闯海的内地应聘者中招聘。我开始担任公司副总，总经理调回深圳后，我就升任一把手了。而我的副手是从长沙调入的，工程师是从武汉调入的，办公室主任是从新疆部队转业而来的。工程部经理入职前，是十万人才中的一员，他当时与大家一样，以海口宾馆门口的三角池为中心，在街道边、椰子树下站等，要不找张报纸席地而坐，等待用人单位挑选……人才市场在那一阵子，与菜市场一样嘈杂热闹。

尽管新达是一个房地产开发公司，但在那段风云激荡的岁月里，公司经营目标模糊，各种扑面而来的或真或假的商机无法让人安静。每一个营业执照上都写着主营什么、兼营什么，公司职能部门的设置也与营业执照相对应，能多则多，员工不够也没有关系，一个人可以成立一个部门，员工是他，经理也是他，甚至一个人兼任几个部门的职务，名片随便印就是了，头衔能大不小。

记得那时流传着一个笑话，说路边如果掉下十个椰子，砸到的十个人当中，也许不是十个总经理，但可能是十个经理。

辽源市外贸集团公司的刘长春总经理与我们达成在三亚开发房地产的协议，三亚粮油总公司的邢琨怡总经理也同意以他们的土地作价入股。如此一来，新达公司一起步便北有海口，南有三亚，呈现两面出击占领全岛的态势。

当海南省迎来了新的领导，新气象也随之而来，房地产开发的热潮像是春风一样，呼啦啦地就来了。

在我的主导下，新达公司首先与海口市文体局合作，开发了第一个小区——白龙花园，接着又与省团委合作开发了第二个小区——美舍新村。

我们运用了深圳速度建房子，也用深圳的办法卖房子——"售楼花"，即图纸出来就开始预售。

但从时间上来说，我们属于海南第一代开发商，老百姓缺少购买商品房的意识，购买力也弱。为了加大推广宣传力度，我们当时计划聘请国内当红的影视明星做代言,不料那时的明星对此类广告也还多有疑虑,我们只好退而求其次,请海南省歌舞团的年轻演员出演广告片。

由于白龙花园紧邻文体局的游泳池,我们顺势把这个游泳池当成了小区配套。广告片导演让演员们穿着三点式泳装,在泳池中戏水,背景中就是我们新竣工的住宅楼……

广告片清凉香艳,旁白是男中音,核心广告词是"新达房产,置业首选"。那一阵子,海南电视、报纸轮番出现这八个字。

很快,两个小区全部售出,我们接着进军金贸区,在黄金地段协议购买了一块土地,开发商住综合体——新达商业中心。

新项目完成规划,做出沙盘模型后,正赶上深圳市委书记来海南考察,于是公司董事长陪同李书记,来到新达商业中心工地现场。李书记看了周围一大片土地,看了我们的模型之后,却皱了皱眉头,不无忧虑地说:"这么多的坛坛罐罐,将来要装什么呀!"

这一瓢凉水让我感到意外,那时海南正处在房地产热当中,炒楼、炒地、炒项目已吸引全国各地的资金倾入海南。有的项目仅仅打了几个桩,就已转卖了三手四手,到竣工时,也许像是击鼓传花一般历经十余手。

过了两三年,寒潮袭来,海南第一次房地产泡沫破灭,验证了李灏书记的担忧,海南地广人稀,省会也仅百余万人口,购房缺少刚需,炒房注定难以长久。

但好在新达商业中心依靠自有资金,出发点也不是炒项目,风暴来了以后,我们只是放缓脚步,且运用项目位置优势,又采取了特别销售办法,令

琼崖往事

第一期商住项目的开发计划顺利完成。

我由于个人生活方面的原因，于1995年离任新达总经理一职并告别海南，接替我职务的是办公室原主任。原副总经理、总工程师则相继退休，过了一些年后又先后病故。作为曾经的老同事，我常常为此感到惋惜，也免不了感叹生命太无常。

人总是有感情的，即使离开新达，告别海南，但我仍然时常关心着海南，牵挂着新达。

之前赵、严带领新达完成新达商业中心项目二期工程后，又开发了新的项目。但遗憾的是，深圳物业集团领导几易其人，变换频频，新领导任期太短，便难以对海南的发展从长计议，两地市场行情又存在极大的差异性，以至于海南市场出现新的机遇时，新达却每每与之擦肩而过。后来，新达被整体转让他人，与深圳物业集团脱钩。想到此，多少令人心怀遗憾！

当然，我无意否定企业领导出于全局考虑的商业决策，只是从感情上来说，对于自己看着长大的孩子被别人领走，总有些怅然若失之感。

不久前，我受赵生福总经理之邀，回海南故地重游，在欢迎晚宴上，我们谈及各自的情况。

算起来，严峰年长，他七十岁了，头发全白，眉毛出奇的长，我们都说他将来长寿，因为有长寿眉护佑。赵生福大我几岁，已领取了几年退休金，平时与老伴要照顾小外孙女；而我刚满六十，退休生活即将开始。

感到欣慰的是，一大帮闯海的人今天也都安居乐业了，也许有的情况好一些，有的情况一般，但想想现在的生活，看看海南今天的面貌，尤其是说起中国的未来,大家又都有一种不枉此生的感觉。

我这次到海口,是从北京飞海口,又从三亚飞去深圳,体验了海口到三亚的高铁;在三亚分别住了三亚湾、亚龙湾、海棠湾的酒店。作为已被定位成国际旅游岛和国家级自贸区的海南来说,环境面貌、交通设施已具有相当好的规模了,就拿这几家酒店与我到过的美国夏威夷的酒店相比,也不相上下。

我对海南的变化感慨不已,写了一首名叫《我爱我的海南》的歌词:

> 我家在海南,
> 那里的海那里的天,
> 一样是湛湛的蓝。
> 我家住海边,
> 那里的浪那里的潮,
> 起起落落已千年。
> 啊!展翅的海鸥爱蓝天,
> 遨游的蛟龙浪里翻,
> 海南的儿女哟!
> 建设了家乡,
> 焕发了新颜。
> 啊!环岛的公路连成圈,
> 飞机落在岛两端。

一座座新城哟!
美丽了海南,
快乐了人间!

但愿有与我一样热爱海南的作曲家,能就此词谱曲,一并献给海南!

2020年1月26日于海口

你是哪里人

我在岩王小学上过五年学,学校离我们十里村只有几里地,老师当中有我们村谁家的外甥,还有谁家的表哥。于是老师们对我们这一大群还擦不干净鼻子的孩子谁是哪个村的并不陌生,即便有时迷糊,也只是分不清是谁家的孩子。

上中学后,我进入高陵县第一中学,一下子发现眼前尽是陌生人。操场上全校师生开大会,常听校长说"我们全校师生一千五百人"如何如何。

开始时,同学们见了面会相互问:"你是阿哒(哪儿)的?"

"我是张卜(过去称公社,后改称乡,现为张卜街道)的。"

"我也是张卜的。老乡好!"

如果问话在同一公社的同学之间进行,往往还会进一步追问:"那你是哪个大队的?"

我要是回答别的大队的同学,自然答:"我,岩王的。"而同属岩王大队的同学是不会提出这类问题的,因为谁家的院门朝哪儿开,谁他大(父亲)是杀猪的,谁他妈骂人的嗓门大,我们在岩王小学时就已经知道了。

面对其他大队的同学,我们岩王大队的同学是乡党;而面对其他公社的同学,我们张卜公社的同学是乡党。学校里有少数老师来自外县,或者来自省城西安,再有个别的来自北京上海,我们便统统视他们为外地人。

如果同学之间发生矛盾,我们会根据矛盾双方的远近划分"阵营",是乡党者自然支持帮衬。而支持的对象往往随着敌对方的变化而调整,具体地说,就是我们村对别的村,或者我们大队对别的大队,又或者我们公社对别的公社,以此类推,后边自然还有我们县,我们省,我国。显然,"我们"

的圈子越大，同一阵营就越大。

我有时想，所谓"强龙斗不过地头蛇"的原因，恐怕就在于地头蛇往往有天然的"乡党"帮忙，而强龙往往在对方人多势众面前进退失据。

我当兵离开陕西到了湖南，我们那一批新兵来自三个县。当我们在军营中遇到说话南腔北调的外省战友问"你是哪里人"时，我们三个县的战友只有一个答案："我是陕西人。"显然，乡党的概念在此时一下子就越过了县与县的界限。当兵前在各人心里固有的县、公社、大队的界限就顷刻淡化了。而外省战友们自然也把我们这批爱吃馒头的人统称为"陕西兵"，或者戏称为"馒头兵"。

我在湖南两年之中，由于工作原因经常往返湖南各地，于是熟悉了潇湘大地的高山河流与风土人情。作为陕西人，我在参军前却没有条件去陕西各地走一走看一看，反而到了湖南就看遍了湖南。当陕西在我眼里陌生，而湖南在我眼里熟悉的时候，我就打心眼里慢慢喜欢上日益熟悉的湖南。我私下想：要是我成为湖南人，那该有多好！将来要是在湖南、在长沙安家，那该有多好！

喜欢湖南，那就先学会听湖南话，然后学习说湖南话。可惜乡音最难改，我费了很大力气，也只能学会几句口头语。

身穿军装，在战友范围之外，"你是哪里人"的问题，便常常被"你是哪个部队的"所代替。要是着便装，又或者与地方老百姓打交道时，遇到对方问"你是么子地方（哪里）人"时，我会开玩笑地说"湖南当地的"，听我说着醋熘湖南话，对方摇头笑笑，知道我在开他玩笑。

同样，当我随部队工作调动，又先后在北京、河南、天津等地工作、居住时，依然不能理直气壮地对人说我住哪儿就是哪儿的人。尤其是北京。

要知道，有些老北京人看谁都是外地人，你要是说话不卷舌头，即便你是通县（现已撤县设区且成为北京副中心）人，那也会被住在二环内的胡同大妈说成是郊县人。无可奈何呀，我那时只能常常谦虚地对人说"我们部队在北京"，以此来模糊关于哪里人的答案。

部队在北京，人也在北京，但个人户口不在北京，我女朋友的父亲因此理直气壮地让我离开他女儿。我只好挥泪离京，转业回了家乡省城西安。这时，我对别人便可以骄傲地说："我是西安人！"

从自称陕西人到自称西安人的变化，其实质是城乡的变化。当兵走的时候，只能说自己是陕西人，无论城乡；归来时却说自己是西安人，实际的意思是我是西安城市人。在西安有工作单位，有西安市户口（尽管是集体户口）。说自己是西安人，我是充满优越感的，尤其是面对还在高陵县的同学们的时候。这大概就是典型的虚荣心在作怪吧。

这种优越感仅仅存续了一年时间，我就调到深圳工作，成为一个特区人。

八十年代中期，深圳特区趁改革开放之机经济发展走在了全国前列。当我自豪地宣称自己是"深圳人"的时候，我不仅有深圳户口，还住上单元房，拿着高工资。还有，那时全国各地包括北京上海等大城市的人，要来深圳，得先办前往深圳经济特区的《中华人民共和国边境管理区通行证》。还有，深圳与香港仅有一河之隔，来深圳的人还可以就地申请办理沙头角中英街特许通行证。持证进入沙头角，就可以购买在属于香港人那半边街上店铺里卖的各种港货，如味精、透明丝袜、电子表、西服布料、555牌和万宝路牌香烟、婴儿奶粉、力士香皂等等。

物以稀为贵，全国靠近香港的城市唯有深圳，即使深圳昨天还只是一个小渔村，但创造了"深圳速度"的深圳人，没有人怀疑他们会在建设中前进，在前进中超越。

我就是这样自信且自豪地当了十多年深圳人。九十年代末，我因家庭迁居北京，且取得了北京户口，终于在户籍意义上成为北京人。

也许是潜意识中有着浓厚的北京情结，对于生活在北京且有北京户口，我还是备感踏实与欣慰的。

但，我算是北京人了吗？

是，也不是。

行文至此，我突然发现，我的经历已使我对"哪里人"的问题，变得不好回答起来。

如果我说我是北京人，这让我觉得有一种背叛陕西老家的意味，也让我好像与曾经生活与工作过的湖南、河南、天津、海南，尤其是曾经落户且至今还有房的深圳失去关系似的。

我在上述各地都有同事、朋友、邻居，当我故地重游且与他们见面时，他们大多会问："啥时候回来的？"我听着十分亲切，我也不愿意说外出去陕西、外出去深圳，合乎感情且习惯用的词还是回陕西、回深圳。

有一天，一大帮人在一起聊天，朋友张群就这个问题要我回答："张哥，那你现在自认是哪里人？"

"我籍贯是陕西人,陕西是我的故乡,我所有工作与生活过的地方,都是我的第二第三乃至第 N 个故乡,现在算是北京人。"

"行啊张哥,你这是谁都不得罪呀!"

虽然说不得罪,但这个回答好像还是与我旅游去过且写诗赞美过的许多地方无关,我还是心有不甘。

"我是天下人!"我如果这样说,是不是便与天南地北都有了关系。

张群笑着说:"你要这么说,那拜登和普京也可以这么说,任何人都可以说他是天下人,而不是月球人!"

是啊,当你的身份没有具体归属时,你就会被每个有归属的人排除在外了,相应地,你也就连一个乡党也没有了。

当然了,"你是哪里人"的问题,多数时候原本就属于社交场合无话找话的寒暄用语,或者是客居他乡的人在寻找"他乡遇故知"时的探问之语。

那要是把"天下人"换成"中国人"呢?这样回答似乎后者比前者恰当。因为天下是个宽泛的概念,而中国至少限定了国籍。但这个答案在同属中国人的范围不能用,用了便呈现所答非所问的窘迫状态。

行文至此,我发现在回答"哪里人"的问题时,先要弄清楚对方问题的确切含意。

如果不同地域的人汇集北京,大家来自五湖四海,有人问我是哪里人,可能我说我是陕西人(我出生且成长于陕西),这个回答多半是恰当的;如果我去公安局办理护照,工作人员问我是哪里人,可能我说我是北京人(我的户口已迁入北京),这个回答多半也是恰当的;而要是出国,有外国朋友问我是哪里人,我则回答我是中国人(我持有中国护照),这个回答八成也会令对方满意。

这样说来,好像都在回答哪里人的问题,但显而易见,前者是籍贯与户籍概念,而后者是国籍概念。

说到国籍,便不能不说以"中国人"来回答"哪里人"的问题时,它包含着国家认同的政治含意。

在中华民族为海峡两岸统一、实现伟大复兴而共同奋斗的今天,每一个中华儿女都会从心里喊出:"我是中国人!"这既是对"哪里人"的客观回答,又是面向全世界人民的庄严宣示。要知道,地球上有多达十四亿五千万人会做出这样相同的回答:"我是中国人!"

但我们也应该看到,当今华夏之域,九州方圆,却还有那么一些人,他们生活在中国,说着汉语,写着中文,过着中国节,却否认自己是中国人,甘心当汉奸,媚日舔美,终于成为中华民族的败类,最后必将被扫入历史的垃圾堆。

我因对"哪里人"的思考有感而发,前几天写了一首歌词,名叫《我是中国人》:

> 我的家在辽阔的北方,
> 北方的高山大河平原乡村,
> 扎下了华夏文明的根。
> 我是北方人,我是中国人。

我的家在富饶的南方，
南方的水乡田园都市古镇，
流淌着儒家文化的精髓。
我是南方人，我是中国人。
我的家在香港在澳门，
一百多年远行，一百多年回归。
我们搭乘祖国的巨轮前进，
我是香港人，我是澳门人，我是中国人。
我的家在美丽的宝岛，
分离的伤痛终将随风消遁。
龙的故乡，是我的故乡，
我是台湾人，我是中国人。
啊……
我是中国人！
我们是炎黄的子孙。
我们都是中国人！

2022年9月9日于北京

一人一部吃喝史

人一出生,便开始吃喝。每一个人,都有一部吃喝史。

我回顾自己六十年来的吃喝,还有不少感慨呢!

我出生于二十世纪六十年代的农村,母亲每次说起我的小时候,都感慨万端。说她在孕期吃不上饱饭,身体没有营养,所以我出生时是个瘦小的大头娃娃;哺乳期里,母亲也没有奶水,常常要用面汤代替。

从我记事起,饥一顿、饱一顿是最平常的感受。母亲好像一年到头都在为一家人的吃喝而忙碌和忧愁。情况好一些的时候,比如夏收与秋收过后,刚打下来粮食,那一阵子是有饱饭吃的。即使吃得饱,那也只是一碗面或者一个馍,有时候有自家种的蔬菜,有时候没有菜,就只有一个辣椒碟儿。

真正让我盼望的,是逢年过节或者亲戚朋友、左邻右舍遇有红白喜事时。我老家人将此称为"过事"。过事待客,必有"席面菜"。如果主家富裕一些,办的是荤席,还能吃到肉。如果家境一般,办的是素席,则可能仅仅把豆腐吃个饱。

难过的日子,是家里连玉米杂粮都没有了的季节,挖野菜、剥树皮,吃油渣(喂马的饲料)。记得我有一个发小,叫葛民民,他和我相约去庄稼地里挖野菜,结果他吃了太多的荆荆杠(蒲公英茎叶),却未料那天生产队社员给庄稼打过农药。葛民民半夜肚子疼,被送到公社医疗站时,口吐白沫而死。第二天听大人们议论,我吓出一身冷汗,心想多亏我荆荆杠吃得少,否则我也没命了。

我到县城上学后,便开始了四年背馍(馒头或锅盔)读书的历史。每周两次,每次背够三天吃的馍。

那时，家境好的同学背的全是麦面馍，外加一罐头瓶咸菜或者辣椒酱。我家情况时好时坏，有时带的干粮掺和了太多杂粮，第三天会长绿毛。为此，我不得不把干粮放在室外晒晒太阳。咸菜一般第二天就吃完了，没有咸菜时就用开水泡馍后，撒上点盐。

吃喝当然是影响发育的，我在参军时，身高勉强168厘米，体重110斤还欠一点，穿上二号军装时，身体咣当咣当的。

到了部队，我第一次有了伙食费的概念。连队按一个战士每天多少粮油肉蛋蔬菜的标准安排伙食。一日三餐，不是大米饭，就是麦面馒头，菜是三菜一汤，荤素搭配，隔三岔五还会改善伙食，逢年过节必定大会餐，首长高兴了，偶尔也会让大家喝点"英雄酒"。

几年后，我身高长到174厘米，体重增加到130斤以上。战友们也都一样，个个像是换了一个人似的，显得人强马壮，精神抖擞。

我穿了6年军装，部队严格的纪律当然包括了饮食管理。官兵的吃喝，关系着指战员的身体素质，关系着部队建设，关系着战斗力。

可以说，我在农村有饱有饥地长大，到部队好吃好喝地强壮。

1984年，我由部队转业，先西安，后深圳，再海南，前后履职20余年。关于吃饭，也许有业务交际的需要，有公关企图，有人情面子，有礼尚往来，有哥儿们义气，有庆典宴会，有婚丧嫁娶……总之吃过太多的饭，喝过太多的酒。

在西安时，牛羊肉泡馍、水盆牛羊肉、香酥鸡是我们家乡的名菜，饭桌上常常少不了；地摊、小店、大饭店则视情况而定，汉斯啤酒、西北狼、杜康酒经常上桌，重要的场合，传统的八大名酒——西凤酒则是当地牛人的标志。

仅仅一年后，我就调入深圳特区。由于工作的关系，与港商有了往来，"一起吃个便饭啦！"就成了新的风尚。过去是偶尔在外吃饭，这会儿成了偶尔回家吃饭。

中国流传着一句话，叫作"食在广东"，说的是广东人会做、会吃。我听过一个段子，说是某地发现天上掉下来一大块不明生物，先是被一个北京人发现了，他立即跑去找领导并建议把东西送去研究所，马上启动研究工作、抓紧写论文；第二个来的是上海人，他则找某个老板，商量着为它建个展览馆，用于展览卖门票；最后一个广东人来了，立马找人抬着去了一个酒楼，说是最好用来煲汤，让大家尝尝。

既然安家深圳，我也入乡随俗，在广东邻居的指导下，我购置了大小汤煲好几个，依样学样地进入了饭前先喝汤的模式。

那时的深圳，相比西安古城，有太多的活力与岭南特色，当然还有毗邻香港的区域优势，吃喝更呈现出异彩纷呈的状态。

在这里，吃早餐叫喝早茶，好的去处是某某海鲜大酒楼或者经营粤式早茶的大酒店。这些地方通常有大厅和包房，大厅往往可以容纳二三十个圆形餐桌，包房则一房一桌外加一套沙发。

名为早茶，但穿行在餐桌之间的早点推车上，小竹笼里装的东西多是"硬菜"，凤爪、猪脚、牛肚、黄喉、百页、虾肠等。单说稀粥，就有皮蛋瘦肉粥、鱼片粥、猪肝粥、及第粥等等，名目繁多，花样百出。

这样的早餐超出了我这个陕西人的想象，所需费用也相当于当时在陕西正常的午餐或晚宴标准，我在称道品种丰富的同时，不得不承认广东人的生意经念得真好。

早餐尚且如此，中午晚上正餐更是商家的主战场。

尽管深圳是个移民城市，各类餐馆酒楼大排档应有尽有，但主角始终是粤菜。粤菜餐厅的布置多是大圆桌，普遍是十人位，少数是超大的，十多人位。也有小餐厅用了六人、八人桌。桌上多是白色桌布，少数另类的用橘色或别的颜色桌布。桌子中间还有可以旋转的玻璃板，放上菜盘后方便转到每一个人面前。

客人坐下来，服务员匆匆摆了茶杯碗碟，立时就问："先生，请问你中意饮什么茶？"接着递上茶水单，龙井、普洱、铁观音……不同的名称，不同的价格，点不点菜，先卖你一壶茶再说。

楼面服务员可能穿着高衩旗袍，年轻靓丽，靠近你时可能香气袭人。多数客人见了这阵势，心里先有几丝发慌。于是茶不能太便宜，海鲜要有主有次，老汤要大补的，主食则以南米北面划分。最后还有赠送果盘甜品之类。当然，结账时每次都会超出你的心理估值。

许多名菜自香港传来，或者优劣评价来自香港。早期粤菜酒楼里，白灼基围虾是必点的明星菜。你可以在酒楼门口的海鲜池里见到基围虾活蹦乱跳，做好了端上桌子，粉红色，干净得诱人。我曾经以为，秀色可餐就是专门用来形容基围虾的。

有的北方来客，在基围虾面前会闹出笑话。首先，它不用筷子夹，是用手抓来剥掉虾壳才吃的。其次,它本身没有咸淡味儿,通常虾上来时,随之会上几个小碗蘸料,另外还有一两大碗茶水。主人要是细心讲解也就罢了,否则,早就习惯了用筷子吃饭的北方人,夹了虾送入口中,虾皮嚼不烂不说,还会纳闷:这咋没有味呢?

而那两碗茶水,本是客人剥了虾后用于洗手去味的,偶尔有人不明就里,端起来就喝。

据说,有一个北京老干部就闹出这个笑话,好在接待方灵机一动,端起另一碗茶水也喝了,说:"这茶水喝也罢,洗手也罢,随客人自便……"这才消除了老干部的尴尬。

当然,虾还有九节虾、大龙虾、小龙虾、琵琶虾、濑尿虾等等,都是食肆中价格不菲的商品。

我曾经硬着头皮请父亲吃过大龙虾,为一生辛苦的老父做寿。谁知饭后父亲一直闷闷不乐,问他为什么,他说我结账时他听到了。

"一只这么小的虾,却花去了足足一头牛的价钱!"父亲把过去几百元一头牛与现在上千元一只龙虾对比起来,自然大喊不值。

九十年代的沿海经济特区,风云激荡,正是房地产业蓬勃发展的时期。

我在此行业供职,还担任一定职务,于是便见识了吃喝不是吃喝、待客不是待客的缤纷乱象,社会上将此行为美其名曰公关应酬。

可以想象,公关的人和被公关的人,哪个不是嘴上吃着喝着,心里想着说着,早已离开吃喝之外。

对于一个企业负责人而言,这种吃饭也算是一项工作,而且是非常重要的

一人一部吃喝史

工作。在这里,许多事务都可能转化成人际关系,且在推杯换盏当中达成默契。

"酒逢知己千杯少",虽然不见得喝过千杯真成了知己,但没有吃没有喝,那就一定是两条道上的人;吃了而没有吃好,喝了而没有喝好,那就意味着工作没有做好,看不起人,小气吝啬,最后是要得罪人的。回头在自己的领导跟前,还可能落下"不善交际"的负面评价。

那时的餐饮市场,鱼、虾、蟹、燕、鲍、翅等等,都是餐桌上的主角,除了天上飞的飞机、海里游的轮船不能吃之外,好像没有什么不能端上桌子的。

当然,如此乱象,与那时的企业财务制度有着直接的关联。无论国企民企,依法均可按营业额确定提取应酬费标准,在这个标准范围,花了钱,开了发票就可以报销,于是就形成了你请我、我请你的大循环。维持这种循环的核心是吃喝不用自己花钱。

吃喝有时也潜藏着犯罪的风险呢!曾经在接待上级领导时,我让秘书在一个酒楼定了包间。店老板等客人坐定,神秘兮兮地对我耳语一番,说他有一个舍不得卖的好东西,既然领导来了,要不要尝一尝这个。

领导一旁听了,淡淡地说:"好呀!看一看什么东西呢?"

店老板于是领着我们,穿过厨房,到后院一个角落,发现在铁笼子里关着一只长着四条腿、有蛇头蛇尾的东西,有人说这就叫四脚蛇,有人说可能是巨蜥,正在议论中,这宝物受惊了一般,猛地转身,屁股喷出稀稀的便粪,一时奇臭无比,众人捂鼻逃回包房好一阵子,那气味好像还没有散去。

当寻找美味却碰上一顿恶臭时,领导笑着摇摇头,于是这个宝物得以暂时逃生。但我想,如果它那天没有喷粪呢,恐怕我们都将因食用野生动物而触犯刑法。

当然，那个怪物很可能过不了几天就被其他客人"品尝"。好在没过多久，这家酒楼因非法经营野生动物而被相关部门查封，老板为此也进了牢房。

2000年到来前夕，我因辞去了原来在南方的工作而迁居北京。工作环境与生活环境发生了巨大的转变。

我在职时体重达165斤，"三高"均有；离职后，体重渐渐降到现在的145斤，"三高"齐降。

现在想想，我有些后怕，如果大吃大喝不停止不改变，那么我到底是在吃营养呢，还是在吃病呢？

值得庆幸的是，如今全社会在"反腐败"的政策指引下，大吃大喝等腐败现象已得到遏制，这也挽救了一批在吃喝中沉沦的人。

近些年来，我有机会到国外旅游，发现各国都有各自的饮食特点，而在饮食的背后，都有自身的文化特征与健康观念。

日韩是我们的近邻，但饮食却大不相同，日本以寿司和生鱼为主，韩国则以烤肉和泡菜见长。有一点却不谋而合——定食（类似套餐），我十分喜欢这种模式，一人一份，食用也放心。选一主食，配荤素一两样加一个汤，如此，营养丰富均衡，也不浪费。

美、加等国的大餐我没有见识多少，但根据我在外游览时的街头所见，比萨、汉堡是一般市民通常的选择；热狗、猪手佐啤酒是德国人的最爱；英法牛扒、甜品，是不是容易肥胖可想而知；印度有流行的咖喱饭；泰国人喜欢冬阴功汤；越南粉十分特别；土耳其有旋转烤肉柱……

走遍天下之后，我必须要说，中国菜才是最好的，它是为中国人的胃准备的。只是我们亟待去除隐藏在饮食背后的陋习，让宴请当中的别有企图走开，回到吃饭的本质上来。

本文写作时，我母亲正在去医院途中，她听人说银杏果可以降低血脂，于是连续几天为我剥银杏，不料银杏有毒，母亲因中毒而生病。此令我情何以堪！

我吃出了富贵病，却要劳烦母亲，还要她为我担此风险，实在惭愧！

今天的我，已是一个简餐主义者，好像回到了童年，一碗面，一张饼，几个饺子，都是我的一顿心满意足的饭。

要说心有期待的饭，当然是母亲做的。我幸运的是，八十八岁的母亲与我生活在一起，她指导阿姨做好饭时，还经常用手机微信喊我：

"儿呀，饭好了，回家吃饭！"

2020 年 2 月 27 日于日本

好狗康宝

康宝是我的小狗的小名,它的大名叫健康宝。它只有一尺半长,略高于半尺,纯米色毛,鼻尖炭黑,两只圆嘟嘟的眼睛像一对水里捞出来的黑弹球,牙齿洁白。大喘气时,它那粉红色舌头能伸出老长。与一般的狗最大的不同点是,它看人时带着一丝笑意。人见了,不由得就喜欢它。

它是由一份说不清道不明的善缘带进我们家的。

去年年初,北京疫情严重时,不少"北漂"(在京工作的外地人)回老家后,短时间就难以来京。康宝那时不知道叫什么名,它的主人也许就是这一类北漂。离京前,狗主人把康宝"遗弃"在我女儿住的小区车库里。狗主人大概也想让好心人收养康宝,可能走得匆忙,他来不及找好收养人,就把狗、狗窝和一大包狗粮放在了车库墙角,还有一个不锈钢制的双坑碗,可以一边放狗粮,一边盛水。狗窝旁边还有一大桶农夫山泉。

我女儿从小不缺同情心,每天路过小狗旁边时,就给它添食加水,小狗于是就拿她当了亲人。过了一周半时间,小狗越来越脏了,女儿就带它回家洗了一个澡。谁知洗完澡以后,小狗在女儿身边打滚撒娇,高兴得就像个远道回家的孩子。

女儿舍不得送它去车库了,于是决定收养它,小狗自此成为女儿的宠物犬。她想着给狗取个响亮的名字,是叫"乔拜灯"呢,还是叫"普大地"?

这两个名字显得有些政治化,前者有可能过早地让它患上痴呆症,后者又可能暗示它要强势。

最后一寻思,干脆借用防疫期间的流行词语"健康宝"为小狗命名。

"健康宝!健康宝!"女儿这么一喊,再伸手面向小狗时,小狗没有犹豫,马上就扑向她,就像个孩子找到了娘。

女儿的工作性质决定她要经常出差,每次出差,她就把健康宝送到我这里来,让我代养几天,美其名曰让健康宝陪陪我,让我消除一些刚刚退休的寂寞。

我感觉与健康宝成了兄弟,但女儿却不止一次地开玩笑说:"健康宝,你跟姥爷好好玩!"

这个说词是把狗变成人,还是把人变成狗呢?好在可爱的健康宝让我懒得较这个真。后来,我竟然觉得健康宝比人还"高贵"呢!

开始的时候,我带着健康宝出门,它见了人跟人,见了狗跟狗。跟人时你喊健康宝,它就乖乖回到你身边,见了狗你再喊健康宝,喊十遍八遍跟没有喊一样,它不理你。

但一个人不停地喊健康宝、健康宝,就会把旁边的人弄糊涂了。要知道,在全国防疫的当下,人们对"健康宝"这三个字是高度敏感的。你喊我吗?要我打开北京健康宝?要看看我的健康码?要查我核酸结果?

我在别人回头看我之时,就解释说:"健康宝是我这条狗的名字。"但我不能见一个人解释一次,见十个人解释十次。

不得已,我把"健"字省略掉了,只叫它"康宝",好在这小家伙有灵性,好像知道健康宝与康宝都是它的名字似的。

女儿原来给康宝立了许多规矩,比如只能吃狗粮,不能上沙发,不能在屋里大小便。可我心软,我吃肉时,康宝就双脚站立,前爪子还会作揖,我于是悄悄喂它好吃的;我坐沙发上看电视,它就悄悄跳上沙发,靠着我打盹;

它甚至学会了早上过来用头顶开我卧室的门，见我在床上抬头，它会嗖地一下跳上床来，钻进我的怀里……种种亲昵举止，叫人想不爱它都难，不宠它都不由人。

也许康宝感觉到我对它的爱超过其他人，所以当我喊康宝时，康宝的反应要比别人叫它健康宝积极，而且要是不同的人在不同的方向喊它，它注定先奔我而来。

我好像多了一个随从、一个尾巴，或者说是形影不离的伙伴？我出门散步带上它，它好像把自己的尿当成了珍贵的尿素肥，小区花园的树根或花圃它会选点施尿。当然也有一日两次"解大手"，只是这时，我得把事先准备的粪袋拿出来，为它善后。康宝是一只特爱交际的狗，要是遇到同类，无论大小，它会热情上前。有的大狗对它友好，它能双脚站立，抱着大狗脖子，好似老朋友一样。要是对方凶相毕露，张嘴就要咬它，它也会十分敏捷地跳出"三界"，巧妙逃离。要是一样大小的狗狗，它则会掌握主导权，主动上前，追上对方。如果对方积极迎合，它则开心地与对方追逐打闹一番。有的狗害羞，或许无意与它结交，见它来了，撒腿就跑，它则奋起直追，我手持缰绳，却被它牵着跑……

我要是出门办事，必须把它关在家里时，它会立即跑去一个玻璃门前，眼巴巴地望着我走，那眼神好像在说："你又扔下我一个人待家里了！"

其实家里有我九十多岁的母亲照顾它。但母亲说："你每次出门，康宝就蔫蔫的，没了精神，老趴在玻璃门门口。"难怪我每次回家，都能透过玻璃第一时间看见康宝。于是，在我打开房门的一瞬间，康宝照例会急不可耐地跑到我面前，它会蹦一米高，不停地蹦，一下两下……我若双手空着，自然会接住它。于是，我与康宝竟然有如恋人般拥抱。我要脸贴上去，不小心会被它长长的舌头舔几下。每每至此，它的热情都叫我心生愧疚，我于是用手一边抚摸着它，一边对它说："康宝对不起，我不该独自外出！"

我因康宝变成了宅男，不得已外出时，也尽可能带上它。每当它坐在副驾驶位上了街，它会前脚趴在车窗边框，脑袋向前张望，真像个好奇的孩子。就连偶尔交警查车，看见康宝，也会用手摸它的头，说一句"老哥的狗真喜性"。

可是做得多失误就多。我有一次开车带康宝去长城脚下，来回高速，等到家时康宝就吐了。我怕夫人和女儿埋怨，就偷偷带它去宠物医院，开了几百元的药回家，可还来不及给它喂药，康宝又活蹦乱跳起来，又吃又喝了。女儿正好回家，知道我刚去过宠物医院，就不无调侃着说："爹呀！你可是把你一个月的咖啡钱让人骗了，康宝是晕车呢，你不问一句，就给人动物医生送钱！"

"他们说可能是肠胃炎……"

"任何人带狗去看病，医生能说这狗没病吗？"

事实证明，女儿说的是对的。

另有一回，我带康宝去咖啡馆，店老板不让狗进门，我只好把它拴在冬青树枝上，不料等我喝完咖啡出来，却发现康宝失去踪影。

"康宝，康宝，康宝……"我一边喊一边四处找。先在咖啡馆门口左右十米、二十米、三十米、五十米、一百米，最后扫码小黄车，把整条街找遍了,就是没有见到康宝。我紧张得要死,夫人和女儿早告诉过我,带好康宝、带好康宝,谁知一杯咖啡的工夫,竟出现这么大失误。

夫人本来让我开车送她外出办事的,我没有办法隐瞒她。"什么?你把健康宝给弄丢了?!"夫人在电话中埋怨我一通过后,事也不办了,赶紧过来一块儿寻狗。

夫妻街头见面,是要为小狗说道一番的,我想着怎么打防守,她想着怎么进攻得凌厉。未料,"柳暗花明又一村",咖啡馆东侧服饰店的女老板怀抱康宝回来了,康宝见了我,挣脱女老板,马上扑向我。我抱着它,一时激动,夫人几乎掉泪。

面对女老板,我有些疑惑,心想,康宝怎么会在你的手中?女老板连忙解释说:"刚才有个人牵着狗路过这里,你家小狗用力一冲,缰绳就从冬青树上脱落开了,它带着缰绳就跟那只狗跑了,可人家随后上了路边的车。我看它拉着缰绳在马路上瞎跑,怕被车撞了,就抱走了……"女老板怕我误会,还补充道:"我喊了一阵谁的狗,见无人应声,才……这狗招人稀罕!"

"谢谢啦!谢谢啦!"我谢人家收留了康宝,不然真跑丢了可怎么办!

夫人后怕地说:"我老是说不能养狗的,养狗有了感情,一旦有个闪失,真受不了的!"

我可知道了,康宝已经养了,它像个"万人迷",不光我喜欢它,全家人都喜欢它。

自那以后,我与康宝的任何活动,我都即时拍照发到家庭微信群里。比如,我开车带康宝外出,如果康宝趴车窗向外望,我会拍照片后,模拟康宝口气配文——康宝:"今儿路上车不多哟!"要是康宝趴在右侧座椅低着脑袋,我的模拟配文可能是——康宝:"你车能开慢点吗?不然又要你给我买肠炎药了。"

我的此类微信既是给妻女报告我的行踪,也是让她俩知道康宝无恙,免得操心。

可是时间长了,我发现康宝改变了我们家人之间的沟通模式,它给予我们更多轻松的感受,也激发了我们的幽默感。

当夫人和女儿因为什么事忧愁时,我发康宝跑着玩篮球的视频,配文——康宝:"啥时候都别忘了,锻炼身体最重要!"或者发康宝在月亮底下的照片,配文——康宝:"快到八月十五了,可别忘了买月饼!"

当然更多的是我拿康宝"逗你玩"。当康宝遇见一只高它一倍的大狗,我的图配文是——康宝:"你是模特吧!"当康宝站在路口呆望,我的配文是——康宝:"她上次就是从这儿路过的,我就要在这等她!"

有一回,我有意让人联系一只与它一般大的斑点小母狗,想让康宝当一回父亲。可是怪了,平时康宝见了狗都会黏上去,真正给它配对时,它却爱搭不理,好像还厌恶得不得了。我于是拍了视频,配文是——康宝:"这姑娘,我接受不了!"

夫人和女儿常常收到此类微信,也常常心里发笑,或者回一句:"真有你的!"外加一个笑着的表情包。

显然,康宝成为我们家一个非人的重要成员。在家庭生活当中,在我们感情联系当中,无论是围绕它的事务,还是有关它的感情,都显得不可或缺。

由于狗，我也认识了许多爱狗养狗的人。有时候狗与狗的坦然交往会冲掉人与人之间的矜持与设防，好像两个牵着狗的人，更容易相互认识、相互交流、相互信任。

谁没有自己的生活圈呢？生身父母、夫妻妯娌、兄弟姐妹、堂兄堂妹、表弟表哥、七大姑八大姨等等，这些从小在自己身边的人，都是自己生活圈的人。

而人性的复杂不会只体现在小说或影视剧中。灵魂丑陋的人、偷鸡摸狗的人、黑白颠倒的人、见利忘义的人、落井下石的人，等等，虽只是人群中的少数，但他们不会只出现在别人的圈子里。你的生活圈子里可能也有这等角色，甚至与你还有血缘关系呢！借用范伟小品中的一句台词："都是一母所生，人与人之间的差别咋就那么大呢？"

就这么大，一个在天，一个在地！

养狗的人当然也有自己的生活圈，只是他的生活圈子里多了非人的狗成员。当狗狗与他朝夕相处，俨然像一个家庭成员在一起生活时，他就不由自主地拿狗与人比。

也许在外人看来，你怎么拿狗和人比，这不是骂人吗？但在养狗且与狗建立深厚感情的人眼里，怎么不能比，他说他把狗看得比自己的命都贵，与你比一下怎么啦？这是抬举你！再说啦，你要是好，也不怕与狗比，比的结果是狗不如你，狗应向你学习，或者狗主人出钱，让你当狗狗训练师，那有什么不好。怕就怕你心里有鬼，你不敢与狗比，更不敢与人比，一比，你就现了原形，从伪君子变成真小人了，如此，你就"装"不了好人了。而真正的好人，一旦识破你的嘴脸，虽说懒得打你耳光，但至少会对你敬而远之吧！你再跟人家攀什么兄弟义气、远亲近邻，不管用啦。

我遛狗时认识了一位邻居老哥。一天康宝与他的狗玩耍，他与我闲聊时感慨道："狗比人好多了！"我知道，因父母遗产的事，他的几个兄弟姐妹之间在私下吵，在法庭上吵，在分产前吵，在分产后吵，早把一母同胞吵成了三世冤家。

显然，老哥是在拿狗跟兄弟姐妹比较之后，得出了他的结论。

而我身边的康宝，也让我时不时地拿它与我生活圈子里的人比，一比，我竟然不得不认可了这位老哥的说法。

也许人们在付出真情时，也会收到真情回馈。人对人、人对狗在这一点上没有差别。差别在于，狗对人的回馈往往不会令人失望。

我一直关心爱护康宝，康宝虽然不会给我任何物质回报，但它在我看电视时依偎在我身旁，在我远道而回时欢天喜地地与我拥抱……种种热情友好的举动，令我在精神上得到极大的满足与快乐，而这是金钱买不来的。

我有时想，当一个人的生活水平超过了基本的物质生活保障线之后，精神回报其实比物质回报更有价值。

显而易见，人与狗真正的差别在于——被你帮助的人不知感恩，就是伤害你们之间的感情，这种伤害同样是对你的背叛。

而狗狗往往不会，狗对主人的忠诚是有悠久传统的。我曾看过美国影片《忠犬八公的故事》，理查·基尔演的教授病逝之后，他养的名为八公的秋

好狗康宝

田犬如同在教授生前一样，每天下午五点，都会准时去车站迎接教授，不管刮风下雨，不管春夏秋冬。教授的死讯无法传入八公的脑子里，它仍然无法改变去车站等待主人的使命。尽管每一次都失望而归，可它总是一天天，一月月，一年年，直到许多年后，它老死在车站。

这个电影是按照真人真事改编的，真实的故事发生在日本横滨。有一年我旅游日本，还与横滨车站广场的八公塑像合过影。

人与人之间的关系复杂而危险，人与狗，尤其是狗与人的关系简单而快乐。由此我想说，言及人不如狗的言论显然是不当的，是过激的，但说这话的人，可能真正想表达的意思是有的人的人性还比不上"狗性"。

写到这时，康宝过来用头在顶我的小腿，到了我带它外出溜达的时间了，我就此打住吧。

2022 年 9 月 14 日于向阳院

二十年后忆今天

今天是 2022 年 6 月 28 日,再过二十年,也就是再过约七千三百个日子,就到了 2042 年 6 月 28 日。

如果是七千三百元钱,买一件廉价的家具就用没了,可是同样数目的日子,却仿佛是一段漫长的岁月。但要是真正过去二十年,回过头来看却一定会感慨:二十年光阴怎么转眼之间就没有了呢?

今天看今天的日子,也许平常到令人毫无感觉和不屑于记述的地步。但要是二十年后看今天呢?

一般人撰文忆过去,我今天反其道而行之,用未来之笔写今天。看看若是过了二十年,今天平凡生活中的点滴小事,会构成一篇啥样的文字。

说起二十年前哟,啊,就是 2022 年 6 月 28 日那一天哪,竟然是那么遥远。那时,我才六十二岁,刚刚迈入退休生活的行列。

那个年份,是新冠肺炎在世界范围内的大流行进入的第三个年头,相比美国因此死亡一百多万人,中国的防疫是最有效的。为了支持国家的防疫政策,我那时取消了国内外的旅游计划,即使身在北京,也尽可能不离开朝阳区。

我从疫情一开始,就办了小区健身房的卡,两年多来坚持锻炼。尽管健身房关闭了游泳馆,只开放器械健身区,我也没怨言,反而有针对性地进行肌肉锻炼。原来夫人笑我长着"小溜肩",现在却夸我有点"倒三角"的意思,女儿更是调侃说:"爸爸,你咋就变成肌肉男了!"

从健身房出来,我又想练一练腿部肌肉,于是就扫码小黄车,骑车到大街上锻炼起来。

我没有目的,先经西大望路往北,到大望桥时左拐,沿东长安街向西,穿过东三环，再经过建国饭店，二十多分钟时间，我便到了建国门桥。停车休息时，我想到战友魏晓虹就住附近，于是约她在街头咖啡馆见面喝咖啡。

魏比我小一岁，她已经从处级干部的岗位上退休下来。我们要了两杯拿铁咖啡，天马行空地闲聊起来。

战友们见面，话题多有雷同，无外乎忆当年、说现在，外加点时事与八卦。

从1982年相识，到2022年那天相约咖啡馆，算起来，我与她相识竟然有四十年了，从二十多岁到六十多岁。

八十年代初，在位于顺义县（现顺义区）城郊的部队团部机关，我是政治处新闻干事，她是后勤处通讯班机要员。也许因正青春，她又是稀缺的女兵之一，而团部当时的光棍太多，打她主意和给她献殷勤的光棍不计其数，我也是其中之一。有一阵子我想委托年龄大些的老干事为我向她提亲，不料这个老干事对我说"人家早就名花有主了"，我也只好怏怏作罢。事后听人说，这个老干事其实自己心里有"事"，他视所有靠近魏晓虹的光棍为情敌呢！

尽管那时与魏互生好感，但我所托非人，碍于老干事的作梗而不能更进一步。那个时期的男女，谁要是不找个中间人搭桥就直接向女方冲击，仿佛谁就不正经似的。

后来，部队因大裁军而整体转业了。我先回西安，再调深圳，九十年代末才又随夫人落户北京。而她当年就进入北京市民政局，其间又上大学，转干。我们在中断联系许多年后，又在大家都用上手机时恢复了联系。而她安置于建国门的家与我在西大望路的家，也不过骑自行车二十多分钟的距离。

我们那天见面，即使不明说，心里也有着满满的优越感。因为当年部队转业时，大家都想留在大城市，定居北京更是想都不敢想的美事。而我们俩在兜兜转转之下，却成为战友当中少数生活在北京的幸运者。

说起战友，尤其是在新中国成立60周年北京战友会上见过的战友，我们就免不了唏嘘，免不了伤感，因为已经有好几位战友相继去世。我们作为当年团部战友们眼里的"小张""小魏"，蓦然发现自己也都是过了花甲之龄的老人了。

两个六十多岁的退休者讨论国家大事，也只是当下过过嘴瘾，抒发一点家国情怀的情绪而已。之后，话题一下子就转到我当年为家乡陕西2022第九届中国秦腔艺术节闭幕式晚会《三秦古韵冲云天》写的戏歌《唱陕西》上来。晚会视频早在前一天我已转发到朋友圈上了，晓虹说："想不到你写散文、小说、歌词，现在又要写秦腔了！"

我说在部队当新闻干事，落下了职业病，总想把有些感想用合适的文体表达出来，好在退休无事，写写画画倒也让自己的生活变得充实起来。

不过，对戏歌《唱陕西》（罗新昌曲），我还是有几分得意呢。用秦腔加眉户的曲牌，填上歌词，也就成了那时人们所说的戏歌了。

当时晚会导演何红星约我写词，说是晚会上的压轴节目，由四位梅花奖艺术家联合演唱，两男两女。

我后来用很短的时间，以唱陕西为题，完成了导演托付。

作为陕西人，我想用我的角度，写陕西的山川河流、历史文化和美好未来。这里不妨把歌词抄录于后：

先看汉江流陕南，
汉中名在汉朝先。
朝北飞越大秦岭，
关中名城是西安。
穿行秦川八百里，
就到巍巍宝塔山。

三秦传奇千千万，
雄风初始起秦汉。
华夏统一有嬴政，
隋唐盛世有续篇。
昔日宫阙成幻影，
寻古谁能忘长安。

百年华诞忆从前，
明灯长明在枣园。
织布纺线十三载，
革命圣地在延安。
领袖人民团结紧，
打下红色好江山。

敬祖当然说过去，
精彩华章看眼前。
中华复兴号角响，
神舟登月又飞天。
政通人和气象新，
幸福生活万万年。

快到午饭时，我约晓虹到家里午餐，晓虹答应后，我们俩又相约扫码小黄车，一前一后，沿通惠河北路，自西向东骑行。二十分钟后，在小区门口下车，两个人头冒细汗。

"晓虹，你说咱俩骑车一来一回，这个运动量合适吗？"我问。

"当然合适，上了六十，并不是运动越多、越强就越好……"

到家时，夫人已备好午餐，她早就认识晓虹了。也许是夫人也当过兵，且两人同龄，她俩还有许多只有女兵才有的话题。

饭后无事，我与晓虹用手机与网络配对的象棋棋士下了几盘棋，有输有赢。

"我现在每天耗费一两个小时下棋，也是一种脑力活动呀！"

"挺好挺好，我看得出来，你棋艺见长！"晓虹似乎也有兴趣学习呢。

阿姨切了西瓜，拿来桃子，晓虹样样不辞，我看着她吃，自己却因要控制血糖，只能节制欲望……

行文至此，魏晓虹打来电话，模拟着2042年6月28日的口吻说："听

二十年后忆今天

说你要写咱俩二十年前的一次相会？张干事，我纳了闷了，你都八十二岁了，怎么记得住六十二岁时的事？"

我说我有当年的日记呢，只是相比今天，我们俩尽管住址没有变，但相见却不易呀！

"是呀，那时，我们骑车在北京城里，行走自由，多幸福呀！"魏说。

"真想回到那个时候！"我说。

是啊，人就是这样，眼前的日子总觉得平淡，逝去的岁月却觉得金贵。

我在读的史铁生的《病隙笔记》里有一段话给我很大启发。原话忘了，大意是这样的——

当我双腿瘫痪的时候，我是多么怀念当年双腿健康的日子；当我因肾衰竭，需要每周三次做血液透析的时候，我是多么怀念当年仅仅双腿瘫痪的日子；当我因卧床太久而又患了严重褥疮的时候，我是多么怀念只有双腿瘫痪和肾衰竭的日子；最后，当我即将赴死亡之约时，我是多么怀念即便生病，却还能与病为友的日子……

由此一想，我们八十多年里的每个日子都值得怀念，无论好坏；我们剩余不多的每个日子都值得珍惜，无论阴晴。

那要是你现在只有六十二岁，离八十二岁还有二十年呢。你该如何度过？

2022 年 6 月 28 日于近月台

# 第五章

影谈

温斯莱特的巴黎
太阳黑子
一江春水向东流
茜茜公主

温斯莱特的巴黎

闲时在家看电影 DVD。《革命之路》是温斯莱特与莱昂纳多主演的片子。乍看片名，我以为是政治题材的，看过才知道，原来是一个婚姻故事。

好莱坞影片题材十分广泛，有时为了追求新颖，甚至在科幻、鬼怪、灵异等题材上也下足功夫。婚姻题材虽是传统的，但故事却常讲常新，也许这是由婚姻的复杂性决定的。在婚姻当中，每一个成员都在灵与肉的交织当中呈现自己的善恶。人性在聚光灯下可以隐藏起来，但在年复一年、日复一日的鸡毛蒜皮面前，却无法藏身。

也可以说，婚姻是一面人性的镜子，在这面镜子跟前，每个人都必将展现自己的真实——真实的人性。显然，这种展现必定是丰富的、复杂的，有矛盾、有冲突、时而平静、时而爆发。而所有的文学作品，小说也罢，戏剧也罢，电影也罢，不都需要这些吗？所谓"自己的生活，别人的故事"吧。

于是，中外戏剧、电影及其他艺术形式，反反复复讲婚姻的故事，而且永不过时。

看《革命之路》，让我想起《克莱默夫妇》。同样的题材，不同的夫妻。后者是好莱坞上一代大腕儿出演的，达斯汀·霍夫曼饰丈夫，梅丽尔·斯特里普饰妻子。

如果把这两部影片当作上下集，取名《夫妻关系》也未尝不可，而要是一次看了这两部影片，我相信每一对身处婚姻当中的男女会受更大的启发。

我是在看电影《泰坦尼克号》时喜欢上温斯莱特和莱昂纳多的。他们俩一开始合作，是蜜月般的谈情说爱，最后是莱昂纳多让出救生筏、牺牲自己而保全对方，谱写的是一出令人感动的悲剧。而他俩此次合作，则是莱昂纳多阻止温斯莱特的巴黎之梦从而毁灭妻子，描述的是一个令人哀叹的悲剧。

《革命之路》的故事发生在1955年，一对夫妻生活在美国的一个小城市。丈夫是一家电脑公司高管，时常忙于工作，妻子是家庭主妇，照顾着两个可爱的儿女，他们住在丈夫挣钱买的房子里。

这样的人物设计，这样的家庭结构，恐怕是五十年代最典型的美国家庭，即使在今天也没有多大改变。

如果单从养家糊口、一日三餐、孩子长大、夫妻变老这个简单模式演绎下去，那就成了大多数市井平民至今都在重复的家庭故事。当然，这也没有什么不好，倘若对人生的理解就是如此，觉得生儿育女、春夏秋冬、平凡日月就是幸福快乐，那也是个人的选择，无可厚非。

问题是人性最本质的特征是自私，从自私这个原点出发，婚姻中的男女，他（她）要在生活中生发出自己的愿望，要实现自己的价值，从而得到满足感、成就感、荣誉感。如果得不到这些"感觉"，他（她）可能失落、沮丧、自卑、空虚、焦虑，如此一来，快乐与幸福便无从谈起。

《革命之路》一开始就是莱昂纳多在演出后台找温斯莱特，而后者因一场失败的业余演出而郁闷。回家路上，夫妻爆发激烈争吵。从中可知温斯莱特虽然是个家庭主妇，但却是个参加过演员培训班的人，是一个不甘心当一个家庭主妇的家庭主妇。

当影片中的丈夫在争吵当中对着妻子口口声声说"你住在我挣钱买来的房子里！""我挣钱养家！"时，但凡有点自尊心的妻子都难以安心自处，即便母亲的角色十分伟大且神圣，即便操持一家四口的杂务并不比打卡上班轻松，但面对"挣钱"的丈夫，妻子在经济上的不独立，必然导致在人格上也难以独立。

温斯莱特是位个性演员，她在《朗读者》中演过纳粹集中营的看守，二战结束后当了柏林电车售票员，后来与一个少年发展了一段刻骨铭心的爱恋故事。

她在《革命之路》中，把一个与丈夫抗争的妻子演活了，演得不像演的，演成了温斯莱特自己，温斯莱特就是那个1955年的美国妇人。

她把所有的人生理想都浓缩为举家迁往巴黎。巴黎有埃菲尔铁塔，有塞纳河，有太多会给人带来新鲜感的异域风情。当然最重要的差别，在于巴黎可能有温斯莱特心仪已久的国际机构的工作，而等待丈夫的可能是伴读生活。

这个计划刚开始获得夫妻一致赞同，可当妻子忙着打包行李，向亲友道别之际，丈夫的公司老板却以升职加薪令莱昂纳多打了退堂鼓。

影片中的丈夫除了获得老板青睐以外，还有一段办公室恋情，当丈夫看似坦诚地向妻子就此道歉，未料妻子对此却不以为意。她冷静地问："你为什么告诉我？"

这一问令回心转意的丈夫错愕，但却令妻子这个人物变得更深刻。因为她的理想是去巴黎，巴黎有未来，有希望，爱情建立在通往巴黎的路上，而当丈夫反悔，毁灭她的理想之后，夫妻之间的爱情也自然灰飞烟灭了。而没有了爱，谁还在意对方在办公室干了些啥。温斯莱特随后出轨丈夫的朋友，既是在理想破灭之后的自暴自弃，也是对丈夫的报复。

影片以温斯莱特自行做人流手术从而导致意外死亡作为结尾，给观众留下太多的思考空间。

丈夫错了吗？好像没有，他是这个家的顶梁柱，即使不去巴黎，那也有足够的不去的理由。

妻子错了吗？好像也没有，她已生育了两个孩子，她想找一个可以施展才华的地方，摆脱"家庭主妇"这个尴尬角色，似乎也应该受到支持与鼓励。

我以为，夫妻之间谈论对错，往往把复杂的问题简单化。因为夫妻之间面对的问题，看上去不过衣食温饱、鸡毛蒜皮，但实际上关乎人生、命运、理想、现实、文化、性格、趣味、爱好、灵与肉、生与死。可以说，人生有多少问题，婚姻就要面对多少问题。

婚姻是由"我们"融合的，不是由简单的"你"和"我"组成。所有的问题，从我们出发，讨论兼顾二人的策略与方案，这其中有共识，有妥协，有兼顾，有牺牲，最后的结果可能就是"两利"的。而在婚姻关系中，人们往往习惯于"你"怎么怎么，"我"怎么怎么，把婚姻中本该共同面对的问题变成相互对抗的博弈，以至于矛盾相伴，冲突频频，而感情也被一次次冲击，一点点消磨，最终丧失殆尽。当一床躺两人，一床存二心时，婚姻就走向了幸福的反面。

倘若巴黎之行如愿了呢？温斯莱特穿上工作服，有了薪水，有了平台，有了社交，她会不会更快乐，更有成就感，反过来会不会更爱支持她的丈夫与孩子呢？

莱昂纳多缩短企业高管的人生履历，在巴黎当当学生，当当"家庭妇男"，或者应聘到巴黎的同类企业，会不会让这个破碎的婚姻故事得以反转？

我想会的。

在爱情与婚姻当中，其实不需要海誓山盟，也不需要寸步不离。这里需要的，往往是相互理解、相互包容、相互成全、相互欣赏、相互支持！

但愿天下女子都有"巴黎梦"，但不要破碎在丈夫的升职与高薪跟前。

2020年3月9日于北京

太阳黑子

女儿张可盈参演话剧《太阳黑子》，这是她的话剧首秀，我当然要看。

这部由电视剧《大宅门》的导演郭宝昌监制、李欣凌导演的话剧，有一些创新，呈现出许多的"不一样"，让人耳目一新。

须一瓜的小说《太阳黑子》是成功的，它讲述的是三个杀人犯通过收养弃婴来完成自我救赎的故事。之前以此改编的电影《烈日灼心》也取得了巨大成功。要把这样一部成功的小说和电影用话剧的形式呈现出来，无疑是一个大挑战。

作为剧中唯一一条爱情线，女一号伊谷夏（张可盈饰）因为一次偶然事件爱上了谜一样的男人杨自道，两人在爱与被爱中纠结挣扎的故事令人感慨颇深。

大家知道，小说拥有从容的文字与篇幅，电影也擅长用它高效的镜头说人道事。而话剧要在有限的舞台上完成同样的叙事表达，且不能丢了挖掘人性的剧魂，其难度可想而知。

在798玫瑰之约剧场，李欣凌把观众安置于剧场中心位置，而把传统意义上的舞台切碎，分别设置于270度剧场空间的周围，有高有低，有大有小，有主有次。在这些舞台置景中，有街头的士、出租屋、房东监控室、刑警队、海边鱼排等。这里的灯光代替了传统剧场的幕布，随着剧情的发展，灯光在不同的置景间交替穿梭，观众也在360度旋转的椅子上，跟着灯光走，随着剧情起伏，时喜时忧。

三个杀人犯（的哥杨自道、协警辛小丰、鱼排工陈比觉），在他们年少时，因相约玩耍而邂逅渔村少女，性的原始冲动使他们向少女伸出罪恶之手。

面对突如其来的性犯罪，少女因惊吓而突发心脏病死亡。为了掩盖罪行，三个青少年又接连杀害了少女祖父母、父母，制造了一家五口的灭门惨案，之后踏上逃亡之路，且以的哥、协警、鱼排工的身份大隐于市。人心都存有善恶，善恶之念有时又相互转换，在这种转换之间，人的行为便有了千差万别，有时甚至出现行为上的悖论。

三个强奸杀人罪犯，实为十恶不赦之徒。但就案发情形分析，又分明具有激情犯罪的特征。他们在十余年的逃亡生涯中，相互埋怨相互指责，又通力合作，收养弃婴（尾巴），甚至为救治弃婴不惜出卖肉体，出卖人格，当然包括做好事不留名等。这种善举，都证明了他们尽管犯下滔天大罪，但他们并非生来就恶，也不愿一错再错、恶行到底。反而他们比一般人更迫切地一心向善，唯有通过今日之善举，方能减轻因过去恶行而产生的负罪感。这是灵魂的救赎，也是人性未泯的倔强的自我拯救。

与三个最后终于被捕的罪犯相映衬，房东（卓生发）是一个揭发检举罪犯的功臣，但他的见义勇为却令人生厌，因为他的动机是满足自己的窥私欲。他也有以制造火灾意外（杀死妻子）而骗取保险致富的嫌疑，并为此遭到良心的煎熬。但他却没有表现一丝一毫的悔意和行为上的救赎，他像《巴黎圣母院》里的神父，是道貌岸然的伪君子。

按常理说，三个杀人犯本是人见人恨的，但在剧中，的哥（杨自道）因救人等一系列善举获得了爱情（伊谷夏），协警（辛小丰）赢得了职业上的尊严（他几次救了刑警伊谷春的命且成为警队有名的快刀），鱼排工（陈比觉）也为老板娘所钟情……当三个爸爸送尾巴进手术室后归案时，出现剧情高潮，此刻，观众已经忘记他们的陈年旧案，反而与剧中人伊谷夏和尾巴一样，视他们三人为好人、亲人。这也从人性甚至是宗教原理角度上说，任何人都有机会祈求上天原谅，都可以放下屠刀，立地成佛。毕竟，真善美具有超越一切的生命力。

由此可见，这个小说、电影故事的容量是比较大的，所要展现的人性也是深刻复杂的。李欣凌创新之处在于，运用多个可以自由调度的置景和多个投影布，甚至让演员在观众席穿行，就连鱼排也因剧情而水花四溅。如此近距离观剧，有时连演员的汗渍、眉毛的抖动都清晰可见。正是因为如此，在首演结束后，不少观众表示体验感超强。可可作为舞台剧"老司机"，却也是首次在这样的舞台上表演，在感受舞台新鲜的同时，那种被观众"看透"的感觉也令她压力非常之大。可可说比起临危受命，这种无死角的舞台表演对演员更是极大的挑战。

在《太阳黑子》的一次抢劫事件中伊谷夏邂逅姚斐饰演的杨自道，从此一发不可收，开启了一段痛并快乐着的追爱之旅。伊谷夏追求真爱坚定果敢，夹在警察哥哥与嫌疑犯爱人之间备受煎熬，面对爱人离去时痛苦无奈，可可把伊谷夏的情感演绎得情真意切，那种坚定的眼神折服不少观众。

此次，可可告别《夏日甜心》中甜美的一面，挑战伊谷夏，既是主角，又是焦点，走的是"傻白甜"路线，在虐心的剧情中没有套路的她备受观众喜爱。被问到为什么会选择可可当女主角，李欣凌导演说正是看中她与伊谷夏这个角色之间的相似与契合，两人身上都有一种年轻人独有的热情与活力，青涩质朴却无法复制。正是因为这种热情与质朴，剧中的伊谷夏才会是一个纯粹的、善良的人，才会从内心深处迸发对爱的坚持与执着。基于此，在演出过程中，当我们近距离观察可可的表演，能看到她勇敢背后的一丝羞怯，但更夺目的是她身上散发出的一种独特气质。

演出结束时，监制郭宝昌对李导此剧的创新表示充分肯定，说艺术的生命力就在于创新，而"不一样"就是更加大胆的创新。对于可可在舞台剧中的表现，郭宝昌赞叹道："对于一个年轻演员而言，舞台上最珍贵的就是她身上由羞怯与勇敢、焦虑和冲动形成的张力，可可充满着勇气的热忱，偶尔流露出的胆怯，恰恰是最可爱和最难得的。"

2018 年 1 月 9 日于北京

一江春水向东流

第一次看电影《一江春水向东流》的时候，我仅有十八岁，穿上军装也只有半年的时间。团部电影组到我们连队慰问，带来了这部据说是刚刚"解禁"的老电影。

这部诞生于1947年的黑白影片，以抗战时期的上海和重庆（"中华民国"陪都）为背景，描写了动荡年代里一家人的悲欢离合，著名演员陶金、白杨分饰一对夫妻，一大批演技派演员吴茵、舒绣文等均有出彩呈现。

影片前半段反映了上海和重庆的都市生活，这让大多来自农村的年轻战友心生向往之情。毕竟七十年代末，夜上海、十里洋场、"赵大大"值勤的霓虹灯下，是我们身在湖南山区参加国防施工的战友们镜中看的花，或者是一个遥远的传说。

但是电影的悲剧结局深深地吸引了我们，也打动了我们，让我有一种想哭的感觉。

当背叛爱情、背叛婚姻、丢掉责任的丈夫（陶金饰）转身离去的时候，熬过了艰难的抗战，盼望一家团圆的妻子（白杨饰）欲哭无泪地望着滔滔东去的黄浦江时，人间的愁与苦，可不就像这江水一样，一波强似一波，波波相连，没有绝期。

我在看过电影一些年后，才读到南唐后主李煜的词作《虞美人》："春花秋月何时了，往事知多少。小楼昨夜又东风，故国不堪回首月明中。雕栏玉砌应犹在，只是朱颜改。问君能有几多愁，恰似一江春水向东流。"

我相信电影制作人借用李煜的词句做了自己的片名，而电影的悲情故事，与李煜的悲剧人生也有某些契合之处。只是沦为阶下囚的李煜，决然想不到自己抒发的亡国悲歌竟然具有如此顽强的艺术生命力，被人一代一代传诵，一次一次感动着读者。

唐朝是中国历史上大放异彩的时代，后世史家也愿意给诸如李世民般创造盛世的君王大唱赞歌。但对于偏安一隅的南唐后主李煜，则多是拿他当作弱主、亡国之君来对待，同情者有之，嘲讽者有之，批评谩骂者亦有之。所有这一切，李煜本人恐怕也无辩驳之心，毕竟，亡国之过，他无法找人代替。

但令人玩味的是，亡国是亡国，这个李后主却是个词坛巨人。

李煜精书法，工绘画，通音律、诗文，尤以词的成就最高。李煜的词，继承了晚唐花间派词人的传统，语言明快，形象生动，用情真挚，风格鲜明。

《虞美人》是李煜降宋后所作，当北宋皇帝听到亡国的后主"心有不甘"之时，断然命手下送去毒酒一杯。于是，这首李煜的代表作也成了他的绝命词。

我不知年纪尚轻的李煜在自我了断的那个明月之夜，有没有在大悲与彻痛之后，有一点一了百了的释然。

历史往往希望当过皇帝的人有更多的故事，而李煜符合这个标准，否则，宫廷故事就显得平淡了些。当年赐酒的北宋皇帝与饮酒的南唐后主是一个故事中的两个主角，缺一不可。而要问谁与后世百姓更亲近一些，我想十之八九的人都会说是李煜；如果要评选皇帝中的诺贝尔文学奖，更非李煜莫属。我想，这也是九泉之下李后主大感欣慰的吧。

如果说年轻时看电影，仅仅是为影片主人翁掬一把同情泪的话，那么中年时读李煜词，也只是对于一个有艺术范儿的国君发些肤浅的感慨罢了。

而今，当青春不再，往事如烟之际，我的内心里却越来越多地郁积了自己的伤感情绪。

  我生活过的乡村已经因城市扩建而拆迁了；我曾住过的军营有的荒芜了，有的变成了居民楼且面目全非。于是故乡、故地悉数变成了一个个虚无缥缈的梦，每个梦都会随之带走自己一部分鲜活的生活，让记忆慢慢稀释、淡化、消逝！

  前不久，我去海南探望一位九十年代一起做生意的朋友，他因患癌症已住院半年了，我见他消瘦得变了样子，尽管我们彼此强颜欢笑，说出院后相约旅游、唱歌、跳舞，但过后不久，他就过世了。

  我不止一次参加过同学会、战友会，每个聚会都有"先走一步"的同学、战友。尽管每个人的情况不尽相同，但有一点是一样的——光阴似水东流去，它带走每个人的青春、每个人的美好、每个人的梦想。

  自古多情伤离别，天下还有比远去的岁月更令人伤感的吗？

  "问君能有几多愁，恰似一江春水向东流。"

  月浮树梢之夜，或者窗前落花之秋，李煜抒发了多少人的伤感与忧愁，有多少人因此得以消解内心的孤单与寂寞？

  不朽的形象也是各有各的不朽，李后主以他的辞章闪耀在历史的夜空。

2020 年 4 月 6 日于北京

茜茜公主

写下"茜茜公主"这四个字,我的笔尖就不由得在三个人物之间来回游走:历史上真实的茜茜公主,电影银幕上那个茜茜公主,还有扮演茜茜公主的奥地利演员罗密·施耐德。

大多数人是通过电影《茜茜公主》认识了一位迷人的欧洲公主,记住了公主与她的白马王子的浪漫故事,从而也喜欢上她的扮演者——漂亮迷人的演员施耐德。

我去年夏天到欧洲,所选的旅游路线恰好与茜茜公主的人生之旅出现了一些重合,许多景点都有对她的介绍。也许电影是最好的旅游广告,凡是介绍茜茜公主的地方,都会把电影《茜茜公主》的影像资料剪辑使用。

于是,历史上的茜茜公主只有偶尔出现在皇宫的油画上且美化得有些失真,让人看上去感觉不真实也不生动。但电影中的茜茜公主就不一样了,她靠着银幕上、荧屏上活灵活现的表演,早就迷倒了亿万观众,于是罗密·施耐德的剧照大量出现在咖啡杯、T恤衫、陶瓷挂盘等各种旅游纪念品上,游客看了觉得亲切可爱,便更乐意掏腰包了。

但在了解了更多的电影以外的故事之后,我不得不说,电影作为一个有限的故事展映作品,它是创作人制造的一个或喜或悲的童话,尽管可能取材于真人真事,但由于素材取舍、细节呈现甚至艺术家的价值观与个人爱好等多种原因,我们只能把它当作改造之后的故事来看。它成了戏说的故事,与现实中的人和事必然存在巨大的差距。

现实生活中的茜茜公主天生就是上帝的宠儿,她在童年的时候,幸福快乐地生活在巴伐利亚王国,当她陪姐姐去维也纳拜会年轻帅气的奥地利皇帝时，皇帝没有相中姐姐，反而非茜茜公主不娶。结果，茜茜在十六岁时便嫁入皇家，成为奥地利皇后，而后他们在生了两个女儿后，又生下小王子鲁道夫，一家人如此这般地生活在豪华的宫殿里……人生美满至此，几乎到了十全十美的地步。

电影就是这样表现的，如果茜茜公主的人生句号可以与电影的剧终同步定格，那么，用"人生圆满"来形容，似乎也并无不可。再来说茜茜的扮演者罗密·施耐德，作为一个奥地利演员，她在不满二十岁时就因出演《茜茜公主》一炮而红，成为奥地利甚至整个欧洲的当红明星，又因与法国演员阿兰·德龙合作拍戏而擦出爱的火花，随后两人订婚并定居巴黎。

要知道，他们甜蜜地热恋，幸福地同居，戏里戏外爱得炽热、甜得浪漫之际，又有多少多情的法国少女为此羡慕嫉妒恨哪！

生活中的茜茜公主与她的扮演者却是另外一番景象。

茜茜公主1837年12月24日出生，是巴伐利亚王国维特尔斯巴赫家族成员，被封为伊丽莎白伯爵；她从小居住在远离宫廷的城堡，喜欢去乡村骑马，参加各种野外活动，由此塑造了她无拘无束的性格。

正如电影中描述的那样，她被多情的皇帝看中而后顺利成为皇后。

可惜的是，人们眼中的大幸福却恰恰是主人公的大不幸。茜茜以十六岁之龄嫁入阴森森的奥地利皇宫，偏偏遇上了一个非常强势的皇太后索菲。

与平民百姓一样，茜茜的婚姻本身带有家长包办的意味，尽管弗兰茨与茜茜两人是相爱的，但在那个时代，欧洲皇宫里的爱情往往脱离不了具有六百年历史的哈布斯堡皇族联姻的背景，而这个联姻的核心使命便是皇位继承问题。

于是无拘无束的茜茜在面对宫廷规矩时，必然与严厉的索菲皇太后产生矛盾并不断升级，以至于这种矛盾逐步演变成婆媳关系的主旋律。

茜茜先后生下两个女儿，但都被太后剥夺了她对女儿的养育权，理由是她的行为不够养育女儿的资格。这种以对孩子好为名的剥夺，其实是对茜茜母性、人性的粗暴践踏。单就这一点来说，茜茜多么羡慕陪着儿女玩耍的平民百姓呀！

当茜茜能不能生下皇子的问题悬在半空时，她甚至因为连生两个女儿而受奚落。

尽管后来终于生下了皇子，但又因为婆媳长年积怨，两人关系已降至冰点。

也许，丈夫弗兰茨是爱她的，但丈夫作为皇帝，爱情永远都在皇权的后面。为了江山永固，为了拓宽帝国疆域，皇帝一生都不曾脱下军装，他要始终以伟岸的强者姿态，与欧洲列强们用枪炮下棋。茜茜自然就不可避免地被一再冷落。

茜茜也可能是爱着丈夫的，并且还是个出色的外交家皇后，正是她从中调和，才使得奥地利与匈牙利合并而成为奥匈帝国，从而奠定了丈夫弗兰茨不同凡响的历史地位。

她的丈夫于是从奥地利皇帝升格为奥匈帝国皇帝，她也升格成为奥匈帝国皇后。

那位匈牙利国王之所以甘愿称臣，屈居首相之位，据说，就是出于与茜茜的友谊。野史上也说，茜茜是那个匈牙利国王的情人，但此说也许是爱好八卦者的杜撰。

在茜茜看来，无论哪个皇宫都是古板沉闷的，与她少年时代的山清水秀、马匹牛羊格格不入，她于是总找各种机会逃离，回宫时也只是履行皇后职责而已。奇怪的是，每一次回宫，她都会生病，只要外出，病又会痊愈。

当她的儿子、皇储鲁道夫与情人殉情自杀以后，她的心便离皇宫更远了。如此，当她得知皇帝弗兰茨与别的女人私通的传言时，不仅不表示反对，反而内心有一些终于解放了的轻松感。

她不愿意过皇后的生活，更愿意当一个游客。她说："再好的地方，如果不让我离开，则会立即变成监狱。"

1898年9月10日，茜茜旅游到了瑞士，在日内瓦湖边被二十五岁的意大利无政府主义者刺杀。

这个无政府主义者本来选择刺杀的目标另有其人，可当他错过了所选目标时，恰好遇到茜茜，而茜茜因皇后身份正好成了杀手临时起意的代替人选。

消息传来，弗兰茨皇帝伤心得语无伦次，他不断地重复着"她永远不会知道，我是多么爱她"。

我也想说，茜茜永远不知道她在电影中的命运被多少人羡慕，也不知道她真实的人生际遇又被多少人同情。

令我感到惊奇的是，电影中茜茜的扮演者罗密·施耐德，与茜茜的命运竟有许多的相似之处。

罗密出生在一个演员家庭，可惜父母早年离婚，她被母亲送去寄宿学校，父亲常常不见踪影。所幸的是，她很早就被母亲带入影视圈，第一部影片就是与亲生母亲演一对剧中母女。她的星途顺利，很快就超过母亲且在以后许多年里不断获得这样那样的电影奖项。

　　可是遗憾的是，她与阿兰·德龙令人羡慕的婚约维持了不到五年便解除了。1966年，她嫁给比她年长十四岁的导演哈利·迈恩，第二年，儿子大卫出生。

　　1969年，在罗密主演的《游泳池》获得巨大成功之际，她的丈夫哈利的健康却每况愈下，陷入酗酒、吸毒之中而无法自拔。

　　1975年，哈利向罗密提出离婚，并索要一百四十万马克，这笔钱对当时的大明星罗密而言也是相当大的压力。

　　即便拿到了这笔巨款，四年后的哈利却在汉堡上吊自杀。之前，罗密在办理完与哈利离婚手续的第二天，再嫁于小她十一岁的男友达尼埃尔。她仿佛用快速再嫁来冲洗对前一次婚姻的厌恶。

　　1977年盛夏，女儿萨拉出生。但不久，达尼埃尔却带着罗密与前夫所生的儿子大卫突然离去，移居美国。婚姻再度失败，外加母子失和。编剧都难以设计出的如此拧巴的人物关系，却真实地缠绕着罗密。

　　屋漏偏逢连夜雨，罗密这时健康也出现了问题，治病又缺钱。后来她在朋友的帮助下做了肾脏手术，身体尚未痊愈时又传来儿子大卫在翻越公园铁栏杆时失足身亡的噩耗。

　　之后很长一段时间，罗密都无法从痛苦中解脱出来，她大量抽烟，酗酒，以此麻醉自己。

1982年5月29日，罗密自杀身亡，另一种说法是心脏病突发身亡。

与茜茜公主一样，我想对罗密说，有多少人因为看了你的电影而无比羡慕你，就有多少人在知道了你的真实故事以后而同情你！

谈起罗密，阿兰·德龙这位超级帅哥说："多年之后，我才知道我最爱的人是罗密·施耐德。"

茜茜公主与她的扮演者都漂亮迷人，都曾被优质男人所爱（皇帝或影星），都有辉煌的事业（奥匈合并或影坛大奖），都生儿育女。可是，她们的不幸竟然也如此相似：都无法长久地延续当初令人称羡的爱情，都没有美满和谐的婚姻（有名无实或离婚再婚），都中年丧子，都饱受病痛折磨，最后又都死于非命。

这是不是上天秉持的所谓公平呢？这是不是一出由两个漂亮女人所演绎的悲剧呢？

倘若如此，它又给我们什么样的启示呢？

旅游途中，我买了两个印有罗密剧照的咖啡杯，算是对茜茜公主和罗密·施耐德的纪念。

2020年2月2日于北京

第六章 词话

王佑贵先生——《春天的故事》之后

记忆中总有一杆枪——与戚建波先生写军歌

豪情——与孟文豪先生作民谣

会飞的鱼——与李岱珂先生唱青春

古城同歌——与赵文琪先生的"双城"缘

王佑贵先生
——《春天的故事》之后

1979年春节刚过,我们连奉命从湖南邵阳调往湖南郴州,参加东江水电站的建设大会战。这个水电站是国家重点项目。

郴州地区宜章县秀水河边此后出了一位音乐家王佑贵先生,但我在水电站工作的时候,秀水河虽近在咫尺,却远在天涯。我与王佑贵老师的结缘尚且要等到三十六年后。

过了十年,我已定居深圳,王佑贵先生也来了深圳,但我们当时无缘相见。那时的深圳,有一个响亮的大众文艺名片——荔枝公园的"大家乐舞台",我时常路过那里,每当入夜,舞台上总有好听的歌声,远处总能见到人山人海。

许多年后,我才知道,年轻时的王佑贵先生就是大家乐舞台的幕后推手,他置身于开荒时代的深圳特区,与中国南方这块热土同呼吸、共命运。

他早期的音乐作品——《深圳湾情歌》(单协和、田地词)、《多情东江水》(叶旭全词)就是献给深圳的经典作品。

我的夫人是王佑贵先生的歌迷,她先于我结识了王老师,此后,王老师还为她量身定作了一首歌《遥远的小渔村》(秦庚云词)。

进入九十年代,王佑贵先生迎来了他的创作高峰期——《春天的故事》(蒋开儒、叶旭全词)、《长大后我就成了你》(宋青松词)、《我属于你中国》(田地、阎肃词)等,都是家喻户晓、妇孺皆知的佳作。显然,这时的王佑贵先生已是名副其实的大音乐家。可以这么说,说起中国的改革开放,就不能不说邓小平,说起邓小平,就很容易联想到《春天的故事》这首歌。我以为,《春天的故事》既是歌颂邓小平的,也是歌颂改革开放时代的,王佑贵先生用音乐为一个时代造像。

我在 2015 年与王佑贵先生认识时，发现他没有大音乐家的架子，好像是随和可亲的中学老师，平易近人，爱开玩笑。当得知我喜欢写作时，他便主动提出："给我写歌词吧！"后来，我就先学着写了一首歌词《女儿是爸爸的前世情人》（廖昌永唱）：

"有这样一句俗话，女儿是爸爸的前世情人。我知道女大当嫁，可我总是放心不下，我要带着一颗心呀，陪女儿出嫁……"

没想到王老师看中了这首词，并很快谱了曲。我和他都是只有一个女儿，他说要找一位也只有女儿的父亲唱，后来他就联系到朋友、歌唱家廖昌永演唱了这首歌。

2017 年春节前夕，王老师接受委托为湖南卫视《世界华人春晚》创作一首压轴歌曲，想不到他竟要我这个半路出家的业余词作者写词，还限时三天。我在他划出的"世界，华人，春晚"这六个字的框框之中，绞尽脑汁，写出歌名为《四海同春》的词：

"四海同春，辞旧岁全球齐欢笑，迎新春华人团圆好，高举酒杯，来吧朋友，大家好，共祝愿祖国好，世界都好；四海同春，中华复兴之日快来到，世界和平之树更繁茂，高举酒杯，来吧朋友，大家好，共祝愿祖国好，世界都好……"

在湖南卫视这台向全球直播的节目上，张英席、王庆爽合唱了这首歌，受到了不少好评。

我在王老师的不断鼓励之下，又以自己的人生经历写了《想见村里每一个人》（刘和刚唱）：

"我想起家乡哟蓝天白云,睡梦梦见到哟牧童黄昏;我想起家乡哟父老乡亲,睡梦梦见到哟我那村里的人。故乡啊,多少年的思念哟,杜鹃声声唤我快快回,我多么想见村里的每一个人。难忘的小山村,那里有我的魂,我漂泊他乡哟,不愿做那外乡的人。"

这首词写的是我参军离家四十多年的感受,同时也写了王老师的少年生活。尽管陕西和湖南山川地貌是不同的,但是作为远离城市的乡村,却有太多的相似之处,尤其乡情是没有分野的。王老师收到词作后,三天没有合眼,等完成谱曲时,双眼充血,久久不能平静,最后是在他夫人强迫之下,才安静下来大睡一天。

如果说这首歌是献给我的家乡陕西的,那么《湖的南》(王欢唱)就是献给王老师的家乡湖南的。而湖南也是我青春梦起的地方,我一直视湖南为我的第二故乡。

王老师喜欢的词,一定要有真情实感,他写作出版的《歌曲创作谈》是我作词的入门手册。写词之前,我总会反复寻找心里的真切感受。

湖南湖北,以洞庭湖为界,洞庭湖以南就叫湖南,这是歌曲《湖的南》歌名的来由:

"开门见青山哟,山也连着山,出门可乘船哟,湾也连着湾;开门见青山哟,山外还有山,出门可乘船哟,水也连着天。"

湖南有三湘四水,我在连队当文书的时候,每天都要在郴州的一条河上往返一趟,所以,湖南的山水呈现在我的眼中时,就与歌词所表达的一模一样。

"河中的鱼儿在戏水,谁在塘里采莲?四季的稻花香,养育了人民千千万，我们世世代代在这里繁衍。"

湖南是鱼米之乡，当年我写信给陕西老家的父母，说我们连队天天吃白米饭，肉炒莲藕几乎顿顿都有。要知道，米饭与肉炒莲藕是我们老家过年也未必能见到的。

当然，写湖南，山水要写，但湖南的人才是歌词的核心：

"山下有武馆，山上有书院，英雄啊打江山，好汉啊建家园。漂亮的姑娘哟歌儿甜，我们唱了今天唱明天。"

前年仲春，我陪同王老师应邀去浙江湖州采风。一日下午，我们在当地朋友陪同下，参观了南浔古镇。在古镇一个小桥流水旁边的露天咖啡馆门前坐了许久，一旁有民国时期的风云人物张静江旧居。来来往往的游人当中，偶尔有身着旗袍的妙龄女郎，迈着曼妙的脚步，走在古老的小巷。我一时心动，写就歌词《上了油画的女人》（陈思思唱）：

"你走进古老的雨巷，你把旗袍穿在身上，你摆动着腰肢，是谁把你画在油画上。我把你装在心房，你却去了哪个水乡，乌篷船的背影，留下多少忧伤。"

这是长久以来，我心中的江南，心中的江南女子，她穿着传统的中式华服，如同戴望舒看见的，那个撑着油纸伞的姑娘。

这首词当晚交给王老师，未料次日凌晨，他在湖州月亮酒店大堂的钢琴上敲打完成。

美女歌手陈思思见了歌谱，执意录唱了这首男性题材的歌，听觉效果却也别有韵味。

我算是王佑贵先生的徒弟了,他年长我十岁,我习惯称他为贵哥。他唱自己作词谱曲的《我们这一辈》时,我依然觉得,他唱的也是我的生活、我的情感。

也许是想对我的歌词写作予以总结,也对我继续给予鼓励,平时击打钢琴键盘的手,却写出《词疯子张建全》一文,还配一张我的照片,刊登在《中国音乐》杂志上。我笑着说:"贵哥,你扶我骑老虎背上下不来了!"他则说:"下什么下,你还年轻,继续写,写!"

他爱下象棋,爱打桌球,但我怎么也赢不了他。不过在我输的时候,我也常向他提意见,比如,他一着急就会悔棋,每到这时,我便劝道:"落子无悔哟!"他听了,倒也不再固执,只好感慨:"唉,大意失荆州哦!"

他偶尔会带上雪茄和酒壶,但玩耍多于享用。一根雪茄他能在手上把玩一个月,那壶里装的不是茅台就是二锅头,但通常给身边的朋友喝了。他是劝酒不喝酒,他有着浓厚的童真童趣,正因如此,我相信他还会有更多的好歌问世!

王佑贵老师不仅是著名的作曲家,而且是一名实力歌手。

我的母亲九十岁了,也学会了微信,她与我岳母和三姨、老姨有个群。她们都是王佑贵的歌迷,有天我妈把视频《我们这一辈》转发到群里。不知谁把这首歌编辑成一个MV,配了像北京电影制片厂(黑白片时期)的电影厂标,还用了五六十年代的有"战天斗地"画面的视频。看着这些画面,听着王佑贵的歌声,会被带回去那一个特殊的年代。

我年迈的母亲就常常这样捧着手机,反复听这首歌,偶尔还擦擦眼泪。

她说,她的老姐妹都爱听这首歌,而且反复地听。

我的战友会、同学会,还有这会那会,只要是五六十岁的人,无不被这首歌所感染、所触动、所伤怀。他们纷纷转发、传唱、收藏,表示对这首歌由衷喜爱。

作为与王佑贵老师有过词曲合作的人,我也亲眼见过他在酒席上即兴演唱这首歌的情景。席间有的是官员,有的是富商,本来还多少端着个架子、言语谨慎,可听了这首歌,有的人慷慨畅饮,有的人潸然泪下,有的人甚至上前抱住王老师痛哭失声……

我由此发现,《我们这一辈》的影响面之广、感染力之强、受大众之喜爱,无不达到超乎想象的程度。

歌曲其实是分类型的,《我们这一辈》是一首抒发"对过去的情怀"的歌。它的选题很大——"我们这一辈,与共和国同年岁",开篇一下子就把新中国成立后五六十年代的人"抓住了"。紧接着他唱"有父母老小有兄弟姐妹",这一句分明说的是计划生育前的那一代人,子女众多,物质贫乏,负担超重;而"上山练过腿,下乡练过背",又让人想起了"上山下乡"运动,之所以有人把这首歌归类为"知青歌曲",就是因为这句词,但我以为,歌曲让我们回到那个时代,受到情感拨动的,早已超出了知青这一个范围,它包括了社会各个阶层;"酸甜苦辣酿的酒",在这里,酸甜苦辣不再是一般的形容词,这四个字对于五六十年代的人来说,感受更有深度,有更多不可言状的滋味;"熬尽了苦心",我一直认为,这一句中的"熬"字用得精到至极。在那个年代,多少人在熬?老舍先生,傅雷先生,"熬"不住"运动"的压力,一投湖，一悬梁……留下多少悲惨不堪的故事。而亿万大众"熬"着，活着，终于走出泥泞上大路，完成了既艰难困苦又慷慨激昂的人生旅程。

歌曲没有停留在对艰苦岁月的表面描绘上，最后用"人生无悔"收尾，其实是有深意的。不是有一句"存在即合理"的名言吗？我们的社会发展，对焉，错焉，其实不必强求用一首歌去表达。歌曲只在情字上做文章。当今日中国的辉煌业绩摆在世界面前，我们过去所有的挫折与不幸，既可以看成是弯路、是错误，也可以看成是"交学费"。如此一看，我们的"人生无悔"便是积极的，健康向上的，也是自信的，满怀希望的。如果一个国家、民族、政党没有"交过学费"，那它也可能没有今天的发展和成就！如果作者对未来没有希望，那也无法表达"人生无悔"的豪迈心情。所以，这首听上去悲苦的歌，既有悲情有感慨，也有担当有自信有展望。

作为演唱者，王佑贵以六十多岁的年龄，以他带有明显沧桑感的特有嗓音，演唱这首内容写尽"我们这一辈"沧桑岁月的歌实在是不二人选。难怪他说，当年蒋大为要这首歌，他婉拒，一定留给作为歌手的自己作为当家歌曲。

当然，演唱只是歌曲创作的最后一道程序，之前的词曲更费心思。难能可贵的是，在这首歌曲上，王佑贵集词曲唱于一身，这恐怕在当今歌坛，虽不是唯一，也是令人瞩目的亮点。

王佑贵出生于湖南郴州一个有山有河的村庄，他的少年经历，学艺，受打击返乡，高考，工作调动，家庭生活，无不带有"我们这一辈"人特有的内涵。所以我说，他在创作歌词的时候，内心已积累了太多情感，他不是用笔写的，而是用自己的人生经历"熬"出来的，歌词的每一个字都包含了他的真实情感。

正因如此,他每每唱起这首歌,在感动别人的同时,也常常感动得自己眼眶含泪。

不久前,我与王佑贵老师去了他的故乡秀水河,这里的山水之美令我大惊,酒肉令我大醉,归途一直兴奋不已,最后一挥而就写出歌词《我的河》:

> 我的河,
> 从村前流过。
> 小时候的欢乐,
> 都离不开这条河。
> 我的河,
> 从村前流过。
> 妈妈的山歌,
> 在河面上飘着。
> 我的河,
> 每天都乐翻了我。
> 一群群鸭子忙过河,
> 一群群少年屁股都光着。
> 我的河,
> 一群群鸭子忙过河,
> 我的河,
> 一群群少年屁股都光着,

屁股都光着。

我的河,

我的河,

每天都乐翻了我。

我的河,

每天都乐翻了我。

一群群鸭子忙过河,

一群群少年屁股都光着。

我的河,

一群群鸭子忙过河。

我的河,

一群群少年屁股都光着,

屁股都光着。

我的河,

我的河……

  我把曾经的湖南少年王佑贵在秀水河边的生活,把王佑贵老师半个多世纪后再看故乡秀水河的情感写进歌词中。王老师说,他一直想写自己的故乡,《我的河》算是写到点子上了。

  记得那天我站在王老师老家门口,也就是秀水河畔时,王老师半是玩笑半是伤感地说:"你看!"他指着河里正在戏水的光屁股少年,"那就是从前的我!"

如此贴切的生活描写,在音乐家心中,便不仅仅是一首歌了,也是音乐家与他的故乡的灵魂对话。在王老师故乡的山坡上,有他称作歌仙的母亲的坟墓,这首歌也应该是音乐家在母亲怀抱的哭泣……

王老师表示,《我的河》是《我们这一辈》之后,另一首他自己要唱的歌。

我想用"沧桑歌手"来为王佑贵先生冠名,相信听过上述两首歌的人,都会同意的。

2017年9月7日于北京

记忆中总有一杆枪
——与戚建波先生写军歌

著名作曲家戚建波先生创作的歌曲很多,大家耳熟能详的经典作品也比比皆是,如《父亲》《母亲》《常回家看看》《咱老百姓》《好运来》等。

我在学习写作歌词时,经朋友介绍,认识了戚建波老师。他与我同岁,但生月比我大,因此在彼此熟悉之后,我称他戚哥哥,他则叫我张老弟。

建波先生是山东威海人,有着典型的山东人性格,既热情豪爽,又平易近人。我用手机给他发歌词,或者见面请教,他有一说一,有二说二。尽管有时候面子上不好过,但他的点拨令我受益匪浅。

作为佳作迭出的大音乐家,他在选择谱曲的歌词标准上不含糊、不迁就。也许正因为如此,他才能保证创作质量,屡出好歌,经典纷呈。

2019 年的深秋,我有外地朋友来北京,相约环京津冀自驾游。在前往清东陵的路上,山坡上的红叶在晚霞的照耀下美得难以形容。我一时诗兴大发,一边开车,一边就吟诵起来。也许是有感而发吧,这首《开着汽车去旅游》的词,意外地令建波先生感了兴趣:

开着汽车去旅游,
烦心琐事一边丢。
开着汽车去旅游,
好山好水好自由。
江南三月北方秋,
山河锦绣看不够。
莫问谁是同路人,
有缘相识是朋友。

开着汽车去旅游,
云霞漫天醉眼眸。
开着汽车去旅游,
披星戴月向前走。
美酒佳肴在等候,
诗情画意涌心头。
人生快乐伴左右,
一路高歌好神州。

建波先生在完成谱曲后,又联系到与他有过合作的朋友为其编曲,还特邀了青年歌手周澎演唱。

录音的时候,我们四人一起进棚。这让我亲眼见识了建波先生对待音乐的认真态度与专业精神。一首不到四分钟的歌,一遍一遍地录,一句一句地调,一个音符一个音符地抠……

可能赶上了汽车时代、手机时代、旅游时代,歌曲音频和 MV 全网上线及电视播出后,随即送到了每位手机用户的手中。

建波先生的作品,许多是上春晚、上央视舞台的必选节目,但这首瞄准广大旅游者的小众作品,是我们俩歌唱祖国大好河山的真情之作。倘若此歌能给开车旅游的朋友们增添些许乐趣,这也就是对我们的鼓励与肯定。

我受到与建波先生首次合作的鼓舞,写词的步伐更快了。

作为一个当过兵的人,我一直都想写一首军旅题材的歌曲。

我曾经有六年的部队生活经历,在我的心理感受中,当兵之前是对部队生活的期盼,转业以后是对部队生活的怀念。相比其他经历,仿佛部队生活的分量更重。

因此,写一首军旅题材的歌词,便成了我的一个夙愿,而且我还期待由我喜爱的军旅歌唱家阎维文老师来演唱。

之前我写过几首歌词,也许太"像"军旅歌了,没有新意,阎老师看了,表示最好是军旅抒情类歌曲,我于是几易其稿,完成了现在这首词,《记忆中总有一杆枪》:

扛起钢枪,
是我小时候的梦想。
穿上军装,
是我人生最美的时光。
我曾经把 曾经把扛枪的照片,
寄给远方 远方的一位姑娘。
在我的记忆中,
总有那一杆枪。
在我的思念里,
总有那战友和班长。
脱下军装,
有太多离别的忧伤。

部队生活，

叫我一辈子难忘。

那一位热爱武装 热爱武装的姑娘，

是我一生 一生相伴的新娘。

在我的记忆中，

总有那一杆枪。

在我的思念里，

总有那战友和班长……

建波先生说过，好的歌词，首先要有真情实感。这首军歌，我的确是围绕着自己的经历与情感写的。

小时候，我居住在西安到延安的国道边上，我们通常叫它西（安）韩（城）公路。出西安城往北，先经过我们高陵县，再到韩城县（现韩城市），然后继续往北，就能到达延安。

二十世纪七十年代初，经常有拉练部队从我们村旁经过，偶尔也有部队临时扎营于我们村，而我们家有几次都有部队首长借宿。

有一次，部队要走的时候，我缠着一个连长要他把我带走，他笑着说："好啊！"说完，就把他背的手枪挎在我的肩上。当我高兴地随部队走出二里地时，连长才又笑着说："小鬼，赶快回家吧，等你长大了再来当兵！"

我虽然怏怏地回家，但也由此在心里种下了将来当兵的念头，且最终得偿所愿。"扛起钢枪，是我小时候的梦想"，歌词开篇，便是我的上述经历。

八十年代初，在百万大裁军的形势下，我们被迫脱下军装。战友们在北京站相拥哭别，无法用语言形容当时的心情。

如果说脱下军装是一时之痛的话，那么过后几十年的人生经历，便令人日益怀念起部队生活。作为一个转业军人，成家立业，生活不能说不快乐不幸福，但相比艰苦的部队生活，却总觉得少了一些激情，少了一种只有战友们在一起才有的感受。

"穿上军装，是我人生最美的时光"，这句词，便是我将人生不同阶段对比之下说的真心话。

当过兵的人，拍摄军装照寄给家乡的亲人，拍摄扛枪的武装照寄给心仪的那个"她"，这几乎是每一个战士都有过的经历，这也成为那个时候人们通用的传情"微信"。

这样，我便把战友们人人都有过的故事写成："我曾经把扛枪的照片，寄给远方的一位姑娘。"

至于"在我的记忆中，总有那一杆枪，在我的思念里，总有那战友和班长"，我相信，当过兵的人，会认同这一种表达的，是符合大家心声的。

歌词的第二段是："脱下军装，有太多离别的忧伤；部队生活，叫我一辈子难忘。"

转业退伍军人，一帮扛枪打仗的人，在解甲归田之后，他们的所思所想、所爱所恨，都是不能轻视的。在部队时，长期进行的光荣传统教育，要求每一个军人即使脱下军装，也不能忘掉军人的本色，而按照国家预备役制度，军人在转业退伍后将自动成为国家预备役军人。一旦国家有难，预备役军人仍然有重返战场的可能。因此，难忘战友、怀念部队，是积极健康的情感，是天地正气！

近年来，我国已成立退役军人事务部，由此彰显了党和国家对转退军人的关怀与爱护。

歌词后半段有："那一位热爱武装、热爱武装的姑娘，是我一生、一生相伴的新娘。"在我多次参加的战友会中，那些陪伴老伴与会的"军嫂"，绝大多数是当年优先择军人而嫁的姑娘。而在婚姻生活中，虽然也有劳燕分飞的夫妻，但总体来说，当过兵的人对待感情是严肃的，也都遵循"从一而终"的传统婚姻观。

从第一段的"姑娘"，到第二段的"新娘"，我写了一个人一生的情感，也抒发了军人一生相守的浪漫人生。

词作完成后，我本想与军旅曲作家合作，不料一日与建波先生在一次活动上再次相遇，他看了歌词，表示有兴趣谱曲。

之后很长时间没有消息。一日午休前，因其他事我与戚建波老师通话，谈起这首词，他说因国庆太忙，忘了这档子事。我一时失望，猜想他可能没有当过兵，怕是难以如我所愿了。

谁知等我午休起来，他却在手机上留言说"歌写完了"，随后相约次日见面，让我"听听"。听他的口气，仿佛对作品十分满意。

我带着半信半疑的心情与他见面，但听他唱了一遍后，我一下子就被感动了！

歌谱发给阎维文老师，他也满意，过了不久，录音就完成了。

去年八一节前，歌曲全网上线，好评如潮。我为此大感欣慰，心想，我终于对得起我的部队、我的战友了！

最后我想特别指出，建波先生谱曲时改过我的一个字。原词中最后一句是"总有那战友和首长"，后来建波先生建议把"首长"改"班长"。他说："首长是少数，班长是多数，而且首长多数也当过班长。"我不仅接受了这个建议，而且觉得建波先生改得好、改得妙。因为我个人虽然有着常在首长身边的经历，但绝大多数战友却长期与班长朝夕相处，所以改为班长，歌曲与战士们就近了，也更容易产生情感共鸣。

去年，建波先生当选为中国音乐家协会副主席，我是在西安的战友聚会上得知这一消息的，而当时战友们正在合唱《记忆中总有一杆枪》，我借着三分酒意，与建波先生视频连线，于是战友们一齐表达了对作曲家戚建波的敬意与祝贺！

以建波先生的人品与艺德，我相信他在音协副主席的岗位上，定会为中国音乐事业做出更大更新的贡献。

2022 年 9 月 22 日北京

豪情
——与孟文豪先生作民谣

我在中学时期就十分偏爱两篇课文，一篇是宋代周敦颐的古文名篇《爱莲说》，另一篇是近代散文大家朱自清的《荷塘月色》。托物言志，是中国文学古老的传统，写荷写莲者何止成千上万。我作此文，全文引用了周敦颐的传世之作，在朱自清的上文中也引用了两则古人的诗作。其一，梁元帝的《采莲赋》；其二，《西洲曲》。朱自清的原文洋洋洒洒，我恨不得全文引用在此。

不难看出，这些不同时代咏莲（荷）的文字，后边都站着一个爱莲的人。

我常常想，古今中外的地球人恐怕在肚子不饿的时候，都会爱花爱树爱草爱一切美景吧。因为审美需要也是人类文明发展的精神动力。

在中国传统文化当中，"爱花"早已超越因"物美"而爱的层次，爱成为一种价值倾向，一种精神归依，一种人生选择，一种处世态度。

周敦颐以三花对比的手法，来说菊花、牡丹与莲的分别，也道出了他"爱莲"的因由。

"采菊东篱下，悠然见南山"，陶渊明用他的诗句，勾画出一个出世的隐者和与世无争、乐自逍遥的花翁形象；周敦颐显然不愿意这般"消极"地对待人生，他同样对黑暗的官场、物欲横流的现实社会深恶痛绝，但他却以入世的态度，要"出淤泥而不染"。可见，不同的花有不同的主人。

在今天中国人家中的墙壁上，要是挂牡丹花幅，常见一侧旁有题字"花开富贵"，这恐怕显示了主人对荣华富贵的神往；要是挂一幅青竹，则可能书写"宁可食无肉，不可居无竹"，彰显了主人对气节与清雅的喜好；还有人挂梅花图，这可能要的是"傲骨迎风"的精神。

我去过位于湖南的周敦颐的故居参观，也去过北大校园被朱自清写成梦幻般美妙的荷塘，还去过大江南北许多有莲花装点的菩提圣地。终有一日，我无法不提起笔来，写出自己心中的莲。

"菊花呀娇，牡丹花好，我爱荷花品格高，古人写就《爱莲说》，而今我唱《荷花谣》。"

我视周敦颐为一座高山，我无法在字词意象上超过这座高山，只是用白话文和容易配曲的句式，翻译了周老先生的古文。

"听那蛙声阵阵月亮笑，水上绿伞景色好，看那风吹雨打任飘摇，泰然花开花亦俏。"

我同样没有朱自清先生谈景抒怀的才情，我只好借他的意境，用歌的形式，传扬朱先生发现的那荷、那莲的美。

歌曲第二段："说你水中芙蓉亦妖娆，鞠躬尽瘁不骄傲，唱你出淤泥而尘不染，一身清白品行好。"

我是在九号温泉荷花池旁边用手机写完这首歌的，随手发给著名作曲家孟文豪先生，过了一段时间就把这事忘了。

一天，意外收到文豪发来的歌曲小样，是他录唱的。之前给他发过好几首词作，没想到他反倒先作了后发的《荷花谣》。

文豪是由歌手成长起来的作曲家，还有个蒙古族姓名叫阿尔斯楞。他留着浓黑的头发，阳刚气十足，声音有磁性，也有一些沧桑感，但在《荷花谣》中，他的声音却尽显轻柔细腻之美。

文豪出生于江苏常熟，那里是中国地地道道的江南水乡。也许他粗犷的外形遮掩不了一颗江南心，他说过他自己就是在荷塘边长大的，也抑制不住对荷花的爱。我想，也许正是这种深植于心的爱，让他用音乐家的曲调表达出了对于荷花的深情。

"玖月奇迹"的王小玮听了《荷花谣》小样，十分喜欢，而文豪先生也认可小玮的嗓音条件。于是，女声版的《荷花谣》很快就完成了。

我听了小玮唱的小样，感觉效果超过了预期，之后经过一个多月的反复打磨，终于定稿，得以全网上线，期待广大听众的检验。

说到此，我便想，梁元帝、周敦颐、朱自清、孟文豪、王小玮和我，这些不同时代的男女，都可以归类为爱莲人，无论是用文字、用旋律，还是用声音，我们无一例外地表达了对荷花进而对其彰显出的"一身清白"的崇高品质的热爱与崇敬。

我在歌词的创作手记中写道："中国反腐永远在路上，写一首倡导'出淤泥而不染'，弘扬自律精神的歌，选荷花而咏之，算是正当其时吧！"

我是一个有四十一年党龄的老共产党员，我欣赏陶渊明的诗，却不赞同那种避世的态度；我更愿意以莲的清白自况，也希望我的女儿及她将来的子女均能真心爱莲，当然我更希望我的党内同仁个个能出淤泥而不染，切不可一失足成千古恨。

梦中能见平日见不到的人，我期待某日我的梦中，梁元帝和周敦颐坐在我家庭院的圈椅上，朱自清站在院中的海棠树下，孟文豪抱着他心爱的吉他边走边弹，王小玮一袭白色衣裙随风飘动，操控着她熟悉的双排键电子琴，悠然地展开青春而动听的歌喉……院子中央水池里的荷花怒放，月光包围了现场所有的人！

如此，岂不是与先贤进行超越时空的对话，我真有些陶醉呢！

八月秋爽，《荷花谣》全网上线，随即王小玮又拍摄了MV，在一片荷花池畔，她一袭白纱，在双排键琴旁，唱着："……听那蛙声阵阵月亮笑……"

有人将MV编辑成短视频，上传到抖音上，一时疯传。且看看《荷花谣》歌词：

> 菊花呀娇 牡丹花好，
> 我爱荷花品格高。
> 古人写就《爱莲说》，
> 而今我唱荷花谣。
> 听那蛙声阵阵月亮笑，
> 水上绿伞景色好。
> 看那风吹雨打任飘摇，
> 泰然花开花亦俏。
> 说你水中芙蓉亦妖娆，
> 鞠躬尽瘁不骄傲。
> 唱你出淤泥而尘不染，
> 一身清白品行好。
> 菊花呀娇 牡丹花好，
> 我爱荷花品格高。
> 古人写就《爱莲说》，

而今我唱荷花谣……

　　《荷花谣》揭开了我与文豪合作的序幕，我们由此产生了更多的合作设想。

　　有一天在录音室，我与文豪闲聊，他说他一直想就老歌为题写一首歌，我于是便说："那我来！"

　　之所以如此自信，那是因为我的记忆中有关于歌曲的难忘记忆。小时候放羊，村里大树上的喇叭总是放《看见你们格外亲》这首歌，我听得多了，便把它当成了我的牧羊伴奏曲，以至于那只黑眼圈绵羊成为我少年记忆里最生动最难忘的面容。我曾经写过一首歌名为《我那只黑眼圈绵羊》的歌词，有一次巧遇歌唱家刘和刚，我拿给他看了，他笑着说："你写得也太小众了！"我当然虚心接受了刘和刚的指导。

　　我上中学时，高陵一中每天到开饭时，广播站就播放《学习雷锋好榜样》。于是，我无论什么时候听到这首歌，就会想起少年时代的老师们、同学们。

　　等我当兵到了湖南，到了北京，李谷一唱的《边疆的泉水清又纯》、殷秀梅唱的《党啊亲爱的妈妈》等，尤其是"饭前一支歌"的那些军歌，都深深地刻在了我的心上。

　　显然，人对歌曲是有记忆的，而且记忆与时间是有对应性的，与个人经历也是有关联性的。我就是以这样的理解，完成了《那一首老歌》的歌词：

　　听那一首老歌，

忧伤就来到我心中。
唱那一首老歌，
仿佛又看到你的笑容。
岁月的脚步悠悠匆匆，
多少往事多少未了情？
在春花秋月的轮回里，
消逝得无影又无踪。
生命的无常教人梦醒，
多少争斗多少输与赢？
在欲壑难平的追逐里，
最终却变成一场空……

文豪谱曲之后，自己唱了男声版，我的夫人张凯丽唱了女声版，他们俩又同时唱了合唱版。歌曲全网上线后，受到广泛关注。央视也邀请张凯丽携此歌登上央视舞台。

我知道文豪想在民谣歌曲的创作上多做尝试，我们接着又合作了《发黄的照片》，而这首歌词的创作，则来自我与夫人的一次收纳整理。

去年疫情防控期间，我们在家闲待的时间比平时多。一日无事，我们便收拾起过去的老照片来。这些老照片分布在不同的年龄段，十多岁，二十多岁，三十多岁直到五十多岁的都有；照片中有少年时的玩伴，有校园的同学，有穿着军装的战友，有不同剧组的同事朋友……

夫人被一张照片感动了,那是她在军事博物馆当讲解员时与同班战友(九人)的合影。那时大家都只有十七八岁,都穿着崭新的绿军装,戴着领章帽徽,脸上洋溢着青春而稚嫩的气息。可是转眼四十多年过去,照片中竟有四位战友永远地离开了,有的不幸遭遇意外,有的不幸身患癌症……

夫人泪水止不住地流,一时泣不成声。我在一旁看了,也感同身受,也许是也曾当过兵,也许与她有一样的感受。当我安慰得她平静下来后,我随即用了二十分钟,便完成了这首歌词:

> 一张一张发黄的照片,
> 定格了我们青春的容颜。
> 一张一张年轻的笑脸,
> 记录着我们的故事千段万段。
> 白发悄悄爬上了耳边,
> 光阴消逝就不再复返。
> 每当夕阳西下的时候,
> 我心里就充满了伤感。
> 一张一张发黄的照片,
> 定格了我们青春的容颜。
> 一张一张年轻的笑脸,
> 记录着我们的故事千段万段。
> 过去已经变得很遥远,

光阴消逝就不再复返。

每当思念难解的时候，

梦里才能与你相见……

同样，孟文豪与张凯丽分别演唱了男女声版，又唱了合唱版。他们再度合作，完成民谣创作上的"好事成双"。

也许老照片的题材关联着每一个人，歌曲上线后，好评如潮。央视竟然半年内三次邀请张凯丽，在不同的节目上演唱了《发黄的照片》，而抖音上的播放量也已近一千五百万人次。著名节目主持人吴小莉、张宏民、徐俐、刘芳菲等，都用了《发黄的照片》抖音剪辑版制作了自己的短视频，展示了自己的照片。

我从小就有一个草原情结，少年时看过小人书、电影，知道遥远的内蒙古有一对"草原英雄小姐妹"，名叫龙梅、玉荣；后来又读了蒙古族作家玛拉沁夫的小说《茫茫的草原》；当我当兵到部队后，团电影组下连放过电影《鄂尔多斯风暴》，电影中的英雄与美人都给我留下了深刻印象；当毛泽东主席那首气吞山河的《沁园春·雪》成了大家都热爱诵读的佳作时，"一代天骄，成吉思汗"既成了蒙古族的神话，也成了中国人的骄傲，自然也吸引了我的目光，我沿着这个线索，仰慕起明朝之前那一段金戈铁马的岁月……

生长在关中平原上的我，通过阅读和有限的影像资料，渐渐认识了内蒙古高原。

胡松华穿着蒙古族服装，站在天安门广场，以蒙古族长调开始他的演唱：

"啊噢哟，啊噢哟……从草原来到北京，高举酒杯把赞歌唱……"

乡村少年看到这一幕，只觉得草原离北京很远，那里的蒙古族兄弟与我们一样，都热爱着伟大领袖。我误以为演唱者胡松华是个帅气的蒙古族小伙子。

草原英雄小姐妹除了令我敬佩她们的英雄事迹以外，还令我觉得草原的草无限丰美，到处都有白云一样的牛羊，相比之下，我在村边渠岸上放的三两只绵羊就显得寒酸多了。

鄂尔多斯是内蒙古的一个地区，但我看电影《鄂尔多斯风暴》时，却固执地认为，鄂尔多斯应该是内蒙古的别称。而电影中的女主角乌云花则完全征服了作为青年士兵的我。她有一双乌黑明亮的大眼睛，一条长辫子始终在她的肩上跳动，她说话是那么干脆亮丽，她在马背上更显得英姿飒爽……

我盯着银幕上美丽动人的乌云花，心里像来了一只小兔，从此我隐约觉得，草原上的少女个个都是乌云花，而其中有一个，可能是等着我的乌云花。

我也在玛拉沁夫的笔下，看到了除了草原、骏马、牛羊之外更丰富的蒙古族社会生活，原来这里也有正义与反动、真善与丑陋、成功与失败、忠诚与背叛……

也许不止我一个人，有时候对历史会产生某些矛盾的认识，形成一个又一个悖论。

看岳飞的故事很自然地会把宋看成我国，把金看成敌国；看汉唐史记，中原则是王朝之正统，而蒙古高原则是胡人——匈奴的领地，但当元朝皇帝君临天下时，成吉思汗的继承者也顺理成章地成了皇帝。所不同的是，蒙古族那时便是当朝的贵族。时至今日，说起"一代天骄"的故事，无人不自豪满满、热血沸腾。

历史到了"中华民国"时期，国际政治已发生天翻地覆的变化，外蒙古成了独立国家，这是令人痛苦与无奈的大变故。但今天的我们，要么面对史书转过身去，要么发愤自强，畅想并不确知的未来。

如果回到现实生活中来，蒙古草原给我们传来的信息便不是虚无缥缈的浪漫情怀，而是日日餐桌上常见的牛奶。

由此令人不得不想着草原上的牛羊，想当然地认为那里是个产奶胜地。

所有这些印象，或点或线，最后点线结合，便成了面。这个面浓缩成一个情结——向往草原。

我在潜意识里觉得这种向往有些神圣的意味，不想随便地去内蒙古，不想在草原上匆匆来去。好像乌云花在草原等着我，我不能不做点精心的准备。

可是总想着合适的时机，总想着做好准备，这样等待等待，一等便等到了我六十岁的时候。

2020年8月17日，终于成了我驾车去草原的日子，我规划的时间是十五天。当准备工作就绪后，我与同伴老邵到九号温泉洗浴，心想去那个神圣的地方，该有干净整洁的仪表吧。

我路过作曲家、歌手孟文豪先生的录音棚时，突然想到，我曾允诺为他写一首草原题材的歌，于是便开始构思，并在当日午夜时分完成歌词《寻找乌兰姑娘》：

我有一个长长的梦想,
草原上我骑着马儿飞翔。
我有一个长长的心愿,
去寻访那雄鹰的故乡。
啊……
今天来到蒙古包的身旁,
劲风一阵阵掠过山岗。
我想去那个辽阔的牧场,
寻找我心爱的乌兰姑娘。

我有一个长长的梦想,
草原上我骑着马儿飞翔。
我有一个长长的心愿,
去寻访那雄鹰的故乡。
啊………
今天来到腾格尔的天堂,
马头琴的声音依然忧伤。
我想去那个辽阔的牧场,
寻找我心爱的乌兰姑娘!

歌词写完后,我自己感动了自己。

当然，我实际上不认识乌兰姑娘，曾经的女神偶像乌云花在银幕上定格了她的形象，实际生活中的那个扮演者，按我推算，可能也是八九十岁的老人了。

但我为何要哭？我切实感到了岁月的无情，几十年过去，我在等待去草原的蹉跎日子里，风干了我的青春与热血。诗和远方的浪漫情怀，一次次被苟且的鸡毛蒜皮所淹没，我有些可怜自己，愧对自己向往草原的一颗心！

每个人都有青春，都有向往，为什么要等呢？乌兰姑娘是一种想象。但当你真正驰骋草原，在马背上飞奔，没准儿在迷人的山岗背后，真就有一个乌兰姑娘在等待着你！

我当即把歌词发给了文豪先生。作为作曲家和歌手，文豪没有以作曲家的身份回复我，而是以歌手的身份回复我："这首歌我唱！"

我大感欣慰，因为这样就意味着他已经有兴趣谱曲且是自己为自己谱曲。

我好奇的是，生长在江南水乡（《沙家浜》所在地）的文豪先生，为什么给自己取了一个蒙古族名字，平时也蓄着飘逸的长发……

我猜想，他应该有着比我还浓烈的草原情结。有了这个情结，令我对这首歌充满了更高的期待！

文豪先生随后果真发来了他用蒙古族名阿尔斯楞完成的歌曲（词曲唱均属他本人）——《我要醉在草原上》。我反复听了，一下子就喜欢了。以我之见，这首歌无疑是草原题材歌曲当中的佼佼者。

以草原为题材的歌汗牛充栋，在同一题材中，只有别出心裁，才能达到让人眼前一亮的目的，否则，有如泥牛入海无声息。草原是情结，是浪漫与理想的代名词，而爱情是终极的浪漫，于是，我写草原，必写爱情。以往众多的爱情歌曲，有王洛宾的《达坂城的姑娘》、童安格的《耶利亚女郎》、李春波的《小芳》等，歌曲中都有一个"我的她"，歌曲中的她成了听众心中的那个她，共鸣由此产生。而歌曲中的姑娘是不老的，别人有别人的小芳，我们有我们的乌兰！但目前草原题材中，类似的歌还不多见。"乌兰"在蒙古语中是火红的意思，乌兰浩特，即火红的城市。蒙古族女孩，取名乌兰者众，因此，我把对草原的浪漫想象浓缩成一段情、一个人，一个名叫乌兰的姑娘。我去草原，耳边回响着《天堂》《天边》《鸿雁》……但我希望，将来有人去草原，耳边还有"找那个名叫乌兰的姑娘"的旋律！

期待文豪！期待阿尔斯楞！

2020 年 8 月 17 日于近月台

会飞的鱼
——与李岱珂先生唱青春

女儿张可盈对唱歌的喜爱,可能开始于她出生之前。也许是我们在胎教时家里总有音乐的缘故,她在娘胎中,仿佛也会随着音乐的节奏而动。

我当过为时不长的奶爸,为了哄她睡觉,我唱遍了所有会唱的摇篮曲,最后,我还用《小燕子》的曲子重新填词——"大宝贝,大宝贝,你是我的大宝贝,大宝贝……"

如果哄孩子睡觉哼哼的歌也能算"创作",那么我为女儿写歌,则可以提前到她不足一岁的时候。当然,这只是一句玩笑话。

女儿在景山学校上中学时,写过一篇《怀念姥爷》的文章,发表在《北京青年报》"中学生园地"副刊上,这促使我动了培养她写作的念头,尤其想瞄准她的爱好,先学习写歌词。而想培养她,我总不能是外行吧。于是,我就先尝试着给她写歌。可是写了不少,她却不以为然地说:"爸爸,你写的不是我们那一挂的!"

2018年,女儿已经是中央戏剧学院表演系的学生了。她参演了由李欣凌导演的话剧《太阳黑子》,并演唱了剧中插曲《亲爱的》:

> 曾经你走过的路很孤独,
> 偶尔经过温暖,
> 温暖的故事让人想哭。
> 曾经你走过的路很孤独,
> 就在葵花开放,
> 开放的田野停住。

你很爱笑,

也从来不哭。

喊你等等我,

你却加快了脚步。

脚步匆匆,

匆匆脚步。

亲爱的,

别那么孤独。

脚步匆匆,

匆匆脚步。

亲爱的,

为我披一件好看的衣服。

你很爱笑,

也从来不哭。

喊你等等我,

你却加快了脚步。

脚步匆匆,

匆匆脚步。

亲爱的,

别那么孤独。

脚步匆匆,

匆匆脚步。

亲爱的，

为我披一件好看的衣服……

这首歌由姚斐作词，李岱珂作曲。

词作委婉含蓄，情真意切，曲风时尚，旋律优美。女儿在话剧演出结束后不久，还为这首歌录制了单曲并作为她出道之后的处女作品，全网上线发布之后，深受青年听众的喜爱。其实，这首歌并不是女儿与作曲家李岱珂的首次合作。早在景山学校时，在同为李欣凌导演的音乐剧《绿野仙踪》中，李岱珂就担任着音乐总监，女儿张可盈则扮演着女主角桃乐丝。两个人在《太阳黑子》中属于再度合作。

我是因后者与李岱珂相识的。他是湖北宜昌人，有着北方人的体格，高大而帅气。若从外表论，他更像是一位体育大学老师。但彼此熟悉之后，我才发现他是一个痴迷音乐的艺术家。他的手机中储存着他创作的海量音乐作品，他在寻找并挑选符合他标准的歌词。

我由此动心，便把自己的习作发给他。不出所料，许多歌词出现的感受差别，与我和他的年龄一样，一老一少，"代沟"明显。

我于是自我反思，一方面与女儿更深入地交流，一方面分析认识理解岱珂音乐的特点。

我发现，父女两代人不可回避地有着两代人的"代沟"，这个代沟也许是矛盾的，但更多是社会生活的现实反映，也是社会进步的必然产物。而岱珂年轻,我的歌词如果远离女儿的生活,相应地,也难以打动年轻的作曲家。

于是我想,给女儿写的歌,首先要唱给她的同龄人,那么我的词也就必须贴近青年人的生活、青年人的感情。

要是从我女儿的心态出发,从二十岁的青年人的愿望出发,那么选择表达要独立、要奋斗、不怕失败、勇敢向前的精神,想必是正当其时的。

有一天,我在泳池游泳,突然假设人要是"变成一条鱼"会有什么想法,而"自由快意"的鱼,岂不是女儿同代人的共同愿望吗?

找到了拟人化鱼和鸟的表达角度,那么变成鱼,变成鸟……必然就有了海阔天空的联想,如此写了改,改了写,最终我就完成了《会飞的鱼》这首词:

> 我想变成一条鱼,
> 游进大海击水去。
> 海面掀浪花,
> 海底吹涟漪,
> 自由快意。
> 我想变成一只鸟,
> 飞过那云霄看天去。
> 挥臂迎彩霞,
> 昂首沐风雨,
> 说去就去。
> 温室没有真安逸,

劈荆斩浪才觉神奇。
冲破那鱼缸和牢笼，
勇敢搏击。
想什么？看什么？
等什么？怕什么？
说什么？做什么？
向大海游去！
想什么？看什么？
等什么？怕什么？
说什么！做什么？
向蓝天飞去！
想什么？看什么？
等什么？怕什么？
说什么？做什么？
向未来奔去！
不失望，不依赖，
不着急，不畏惧，
不投机，不放弃，
所有成功都由失败堆积。
············
二十岁，二十岁，

我做自己！

　　我把歌词发给岱珂后，他十分肯定这首词作，不久便完成谱曲。当然，歌词的结构与最初的版本相比已有较大改动，我的"老"式句子，在岱珂新颖别致的旋律面前，自然要"削足适履"，唯有如此，才能符合女儿所要的那一"挂"。

　　是鱼入海，是鸟飞天，摆脱父母爱的"牢笼"，在大风大浪中锻炼成长，这是女儿在二十岁时的心声，也是当代青年人共有的精神风貌。

　　以此歌结缘，我与岱珂便有了再次合作的愿望。

　　前不久，我以过来人的心情，写了一首看似年轻实则不年轻的歌《初恋》：

　　　　相视一笑，纯系偶然。
　　　　未料你，把我的心扰乱。
　　　　本以为是天赐的良缘，
　　　　谁知一别，就是几十年。
　　　　花开花落，怎不伤感。
　　　　你幸福，我就心安。
　　　　那些过去难说过去，
　　　　几回回梦里与你相见。
　　　　人生百年，转眼之间。
　　　　谁曾想，世上有种心缘。

虽然笑说一别两宽，

辗转梦里眼泪湿枕边！

  显然，这又不是女儿要的那一"挂"，但好在岱珂认可这首词而且很快谱了曲。我们正在寻找合适的演唱者，希望早点呈献给听众朋友们。

2022年9月20日于北京

古城同歌
——与赵文琪先生的"双城"缘

文题中的双城,一是西安城,二是长沙城。

省会西安是我的家乡,我在外地工作的几十年间,经常回西安。有时来去匆匆,有时偷闲多住几日。

由于有战友家住南门外,我每次回西安,便固定居住在南门外环城西路附近的君乐城堡酒店。这个酒店的房间分城景房和普通房,前者的价格高一些。我第一次入住时,服务员问我选什么房,我选了普通房。后来住的次数多了,酒店就把我列为常客并每次给我免费升级为城景房。在城景房中,窗外就是东西望不到尽头的古城墙,而与酒店大门斜角相望的,则是西安城最主要的城门——南门。

南门亦称永宁门,它的建筑雄伟壮丽,典雅美观,古色古香。原为隋唐长安皇城南面偏东之"安上门",唐末改筑新城时保留。明洪武七年至十一年(1374—1378),扩建西安府城,此门沿用为南门,改隋唐时过梁式三门洞为砖砌拱式单门洞,后历清代、民国,沿袭至今。民国元年6月,陕西都督张凤翙曾为永宁门题写门楣。

现在永宁门作为西安古城的"门脸",与形成合围的城墙同属国家级文物保护单位,西安市政府相关部门成功地复排了永宁门仿唐迎宾入城仪式。这个被称为"天下第一礼"的仪式,在1996年"世界古都大会"期间第一次亮相,之后更成为古城西安一张亮眼的文化名片,先后迎接过前来参加第六届丝绸之路国际博览会暨中国东西部合作与投资贸易洽谈会的中外嘉宾及其他访华的外国政要,为古城赢得了极高的赞誉。

当然,永宁门下,近年来已改建扩建为南门文化商业广场,成了西安市民休闲消费的好去处。

永宁门及其周围的建筑,包括广场、护城河、园林绿化等,构成了南门地区丰富而美丽的图画。透过酒店玻璃,可见夜间的亮化工程向东西两翼延伸,那五颜六色的灯光秀,让古老的西安城展现出白天和夜晚两个不同的模样。白天的雄浑壮观与夜晚的流光溢彩,让人手一部手机的游客,纷纷打开照相功能,急切切地要把西安的美景带回家。

我一边品茶,一边看着这座风吹雨打的千年古城,嘴上停不了的赞叹,心里装不下的喜欢。

2019年秋,我邀请湖南战友来西安,照例入住城堡酒店,晚上我们想在古城里找一个有些古意的小店吃饭。手机搜到了一个名叫墉城邑的酒馆,从那个砖瓦门楼挂红灯的照片上看,算是我们想找的地方。

我们于是步行入永宁门,然后沿顺城巷向西,二十多分钟后,就到了西安城墙西南角(城内),而墉城邑就在这个墙角处。要知道,西安城墙由唐代城墙和明代城墙共同构成,唯有西南角这一部分属于唐代城墙。

当我们从网上见过的门楼迈步进入,映入眼帘的是一个不大的露天庭院,院中摆了十多张石墩石凳,靠墙处一排瓦房。通过落地窗,可见平房里边有木桌木凳。环顾四周,尽是灰瓦灰墙灰砖,可在一排灯笼的装扮之下,却散发出摄人心魄的古朴之美。

"今时今日,谁吃晚餐的碗筷能摆放在唐城墙下的木桌上呢?"战友也为这样贴近文物、靠近历史而感慨。是啊,我知道,如果从墉城邑步行,半个多小时,是可以抵达位于玉祥门外的大唐西市纪念雕像的。看看,我们的天，我们的地，岂不就是与盛唐在物理空间上重叠了吗？

塬城邑的老板早就知道来此的食客大多想寻古探幽，于是那菜单是竹板上刻字，一菜一板，一板一眼一红绳，一堆菜板放在竹篮子里，由客人选板点菜。比我年轻四十岁的服务员说："这可是古人的习惯！"

"古人的习惯你咋知道！"我开她玩笑。

当所有人都扫码点餐时，这个店家反其道而行之，反而又酷又另类。

那菜也不复杂，全是陕西家常，什么扣肉白片啦，素肉丸子啦，大烩菜啦，猪脚肘子肉啦，烧排骨啦，卤水花生啦，蒜泥茄子啦，等等，好在心情好时无菜也下酒。

店家有专用老黄酒，那黑色烧瓷酒瓶上阳雕着"塬城邑"三个招牌字，单一个酒瓶就是一个养眼的艺术摆件。那墙根堆放着数不清的空酒瓶子，显然，它是店家的摆设与广告。好像在说"酒香不怕巷子深"。店里飘荡着黄酒特别的香味，让我早就流口水了，点完菜后，我叮嘱一句："女子，来两瓶老黄酒！"

黄酒要加热喝，菜上齐时，酒也热得烫嘴。两个相识几十年的战友，不用为对方夹菜不用劝酒，一来二去，就酒足饭饱了。可谁知话题转到了找不着的首长，见不到的战友，一时就伤感起来，一伤感就要加酒加菜……

深夜，战友大醉，我也到了醉的临界点。买了单，我扶着战友出来，还没有走几步，战友突然失控，踢了两脚旁边的车轮子。

"咋？你咋？你想咋？"开车的壮汉下车过来，气势汹汹地就要动手。我战友醉得不知所以了，我连忙道歉："醉了醉了，兄弟，抱歉！"

我赶紧扶着战友离开，也不敢搭车，怕战友再吐人家车上。于是，我们又原路往酒店走。

忘了那天是个什么日子了,反正那夜的月亮亮得叫人难忘。月光下的城墙,月光下的永宁门……月光把护城河的水照得银白一片!啊!月光,月亮,"今晚的月可不就是秦时的明月吗?"我诗意大发。

我在西安郊县长大,部队转业后又在西安工作过,曾在西安城里安家,现居北京,此时此刻,我仿佛又成了西安的来客。

战友一回酒店,倒头就睡。我却无法入眠,于是,我要把我心里的西安写成一首歌,歌名就叫《西安城》:

你住过西安城,
就知道城里和城外的风景。
你来过西安城,
就看到秦时的明月,
汉唐的雄风。
一座古老的城,
一座现代的城。
我为你骄傲,
我为你祝福!
你给了我幸福给我安宁。
啦啦啦……
你住过西安城,

就知道老城和新城的不同。

你来过西安城,

会感受昔日的繁华,

今天的风情。

一座美丽的城,

一座可爱的城。

我为你骄傲,

我为你祝福!

你成就我事业还有爱情。

啦啦啦……

你住过西安城,

就会热爱西安城。

你来过西安城,

就会喜欢西安城!

歌词连夜写完了,次日战友章雷又要做东请客,而城里回民街的楼外楼是我们常去的地方。我吃了他请的羊肉泡馍,他拿走了我写的《西安城》。

章雷退休后,业余学习吹萨克斯管,身边有不少同好之人,当然少不了钢琴家。正好,欧亚学院艺术系老师赵文琪就是钢琴家,同时也是作曲家。我不知道章雷什么时候把我的歌词交给赵文琪的,只是在我回北京不久,章雷说有一位作曲家谱好了《西安城》的曲子,而我再次回西安与章雷聚餐时,章雷同时也邀请了赵文琪先生。

文琪年轻，小我二十岁，正是年轻有为的年龄。他是甘肃人，大学毕业后就职于西安著名的欧亚学院艺术系。他高大魁梧，留着盖住耳朵的长发，戴着黑框眼镜，洋溢着浓厚的艺术家气质。在这次聚会中，文琪一边弹着钢琴，一边演唱了《西安城》这首歌。我当时对于自己酒后所作的词变成了一首歌，感到欣慰。但歌曲的风格更像是一个晚会上使用的合唱作品。

此后，各人没有再提及这首歌。直到过了一年，文琪重新为《西安城》谱曲，完成后随即录了小样发给我。我一听，知道文琪推翻了原作，重新谱曲了。我被新的旋律所吸引，且当即把小样发给我女儿张可盈，她听后，连忙说："挺好的！挺好的！"

我与文琪沟通之后，确定委托著名音乐人、编曲张鹏参与，负责音乐制作，张可盈唱。鉴于章雷是这首歌诞生的关键人物，我请他以书法为《西安城》题写了歌名。

《西安城》于去年底上线，并作为献给西安抗疫的慰问作品，受到西安市民的欢迎。当年底，2022丝路城市春晚邀请张可盈演唱了这首歌。半年后，抖音用户使用播放数已近2000万。由此可见这首歌受欢迎的程度。

如果说《西安城》是我写给我故乡省城的歌，那么对于我的第二故乡湖南的省会长沙，我是不是也应有所表示呢？回答是肯定的。

今天提起长沙，人人皆知它是湖南省会，要是湖南人，他也许还会告诉你："我们长沙是个网红城市呢！"那语气，一定是充满自豪感的。

但当我在1978年当兵来到湖南时，问起湘籍战友："长沙为什么叫长沙呢？"却很少有人能够准确回答。为此，我查阅了相关资料才知道——早在春秋战国时期，楚国在此建造城邑，开始以"长沙"作为城名。但是这个名字是谁最先提议，又是谁批准使用的，已无从查考。

秦统一六国以后，在长沙设立"长沙郡"，于是在有的历史时期，有人又把长沙叫作或写作"长郡"。但是秦代的长沙郡并不等同于今天的长沙市，当时长沙郡的行政区域相当于今天的湖南省全境。

在今天长沙市老城区域，秦朝时建有"湘县"，汉时改为"临湘县"（现临湘市），县城城址大约就在今天长沙市的商业中心——五一广场及其周边地带。

公元前202年，汉高祖刘邦封开国功臣吴芮为长沙王，并以原秦朝的长沙郡为基础，建立了长沙国。长沙国曾延续200多年。

在今天的河西，从北边的谷山沿湘江西岸一直往南延续到天马山，是二十几座埋葬了长沙国国王和王后的陵墓。著名的马王堆汉墓就是汉代长沙国丞相利苍的家族墓地。今天长沙城内的太平街有贾谊故宅和贾太傅祠，就是历史上著名的思想家贾谊住的地方。

显而易见，长沙是一座古城，它安坐湘江之滨，眺望着南来北去的湘水，已经见证了两千多年的沧桑岁月。

我探究长沙城名的来历，知道中国古人给城市取名时，常常有两个重要的因素要仔细考虑，一是政治上要彰显王朝的正统与民心所向，二是文化上要表达地域特点与祈福纳祥的愿望。

细看中国省会名，有三个选择了"长"字开头——长沙、长春、长安。只不过明朝皇帝觉得长安的帝都概念太深入人心了，而他们既然定都南京，那就必须拿走长安这个"长"字,给它改一个"西",长安于是变成了西安。剩下的两个城市头上顶着"长"字又有啥讲究呢?长春与本文关系不大,以后另说。

那么长沙呢?我们知道,汉语词汇中,"长""短"是反义词,"长"与"短"也是形容词。我猜想,"长"字在用于城市名称时,一定是取其与"短"的反义词来用,突显出祈福纳祥的含义。比如,祝愿这里的人民长安、长兴、长富、长足等等。要是不用"长"字,而反其意而行之,叫短安、短兴、短富、短足等等,那岂不是"找死"的节奏吗?

当然,我要补充一点,这里的"长"可能还有"湘江水长流,英雄气长存"之意。

要知道,源远流长的湖湘文化,浸润滋养了一代代湖南人,以至于中国近代以来,湖南的英雄辈出。晚清时的曾国藩、左宗棠,"维新变法"独献头颅的谭嗣同,民国时期的蔡锷、黄兴、宋教仁,更重要的是新中国的缔造者毛泽东、刘少奇、彭德怀以及改革开放时期的胡耀邦、朱镕基等。

有国士之称的杨度在他的名作《湖南少年歌》中曾写道:"若道中华国果亡,除非湖南人尽死。"尽管此句明显有目空他省之骄傲心态,却充满了"天下兴亡,匹夫有责"的担当精神,洋溢着昂扬向上的英雄气概。

说到这里,长沙之"长"字的含义算是基本弄清楚了,但"长"字后面为什么要用"沙"字呢?我在史料中多番查找,终究没有找到答案。我不由得胡猜乱想,是不是因湘江自城中流过而选用了有三滴水偏旁的"沙"字呢?我看有这种可能吧。其实也不必太费力气纠结名字的来历了,就像人名一样,有个记号，我们知道谁是谁也就得了。

当我想写一首名为《长沙城》的歌词时，我还得寻找我眼睛里看到的长沙，心里头感受的长沙。即，我的文字要反映长沙的自然环境、历史文化、百姓情感以及城市未来等。

当然，这并不是难事，我在长沙前后四十余年的来来往往，长住短旅，亲朋好友，吃喝玩乐，使我自觉地把每一次到长沙说成回长沙，回长沙就如同回家。而哪一个人，对自己的家不熟悉、不热爱呢？

曾经创作过无数经典作品的音乐人罗大佑说过，天下好歌曲，皆一个"情"字而已。我把自己对长沙的感情，梳理一下，变成歌词，便是这样的了：

> 清悠悠的湘江水，
> 南来北去流淌了几千年。
> 老城新厦哟，老城新厦哟，
> 比肩耸立在那江岸边。
> 浏阳河的九道湾，
> 早把那长沙、株洲和湘潭，
> 连接成新城一大片。
> 啊……
> 橘子洲头的少年，
> 写就那《沁园春》，
> 成了不朽诗篇。

清悠悠的湘江水,
南来北去流淌了几千年。
老城新厦哟,老城新厦哟,
比肩耸立在那江岸边。
霸得蛮的湖南人,
早把那长沙、株洲和湘潭,
打造成幸福大家园。
啊……
三湘四水的乡亲,
谱写时代新曲,
团结携手向前。
回忆那烽火往事,
忘不了那长沙保卫战。
中国梦的宏图,
有我们湖南,
有我们湖南。
共同富裕的今天,
我们当然信心满满。
中国梦的宏图,
有我们湖南,
有我们湖南!

我与文琪有过共识，不单纯为写歌而写歌，我的词只有在打动他，使他有"感"的情况下，才考虑谱曲合作，力求创作高质量的歌曲作品。《西安城》之后，我发过几首词作，没有想到他选用了这首《长沙城》。而且是在谱好曲、打好谱、录了音频之后告诉我的。我认可他的曲，随后我仍然邀请张鹏合作，负责编曲及后期制作。音乐完成后，我们邀请了歌唱家张英席、王丽达演唱，并于虎年春季全网上线。

我在电话中曾经问过文琪，作为生活在西安的西北人，为什么会谱《长沙城》的曲，他说："长沙是长沙人的城，但也是我所向往的城，长沙城有着太多诱人之所在！"

在谈到对词作的感受与谱曲时，他说："看了这首词，一座古老又现代、清新又隽永的长沙城形象跃然纸上，于是旋律就在我的脑海里奔腾起来乃至一气呵成。歌曲开始，我使用了一个民族五声宫调式作为'湘江水'的旋律基调，以此来点题；中间部分穿插着宏伟的历史事迹，因此我使用了一段明亮的旋律作为铺垫；结尾处，歌词为我们展示了对长沙未来无限美好的憧憬，所以我使用了一系列铿锵而奋进的旋律，将整首歌曲推向激情热烈的高点，为听众打造一个热血沸腾的音乐氛围。"

由于疫情防控，我与文琪是隔空完成这次合作的。有了这首歌，我浑身感到轻松起来，好像还清了一份人情债。

2022 年 10 月 10 日于近月台

第七章 给女儿

女儿经

给女儿的五封信

    之一　以爱立心

    之二　以技立身

    之三　乐观天下

    之四　以善导航

    之五　恋爱是婚姻的前奏

我们夫妻俩对视少顷，同声答："一个呀！""那你们能这样对待自己的宝吗？"女儿哭唧唧地问，我俩一愣。

没有答应她买东西她闹情绪很正常，但我俩惊讶于她在三岁左右时，竟然用这样的反问句子说话！

这个聊过许多次的趣事让我们意识到，孩子具有天生的学习和模仿能力，父母不经意间的言行，都可能是他细心听讲的"生活课"。

还有一次，在好莱坞环球影城坐观光小火车，女儿不小心把奶瓶掉在了车外。火车不会因此停下车，眼见奶瓶躺在铁轨上远去，女儿哭了好一阵子。

晚上在酒店，女儿要喝奶，而且一直嚷嚷着"奶瓶喝奶"。

在美国的酒店，我们语言不通，附近又未见到有超市，半夜三更的又不好找导游帮忙解决。没有办法，我与她妈就想办法自制奶瓶。先是在行李中找了一个备用奶嘴，又把纸杯底部开一个孔套上，形成一个简易的漏斗，可是这样无法密封，存不住奶；后来又想了好几个办法，都行不通。等我俩一来二去争执起来，小家伙反而躺床上笑了，也不再要奶瓶了。

记得她就是那次掉了奶瓶之后，慢慢学会了用杯子的。

父母天然地就是孩子的老师。我妻子是一位演员，女儿在生活中经常有见不到妈妈的时候，但往往在电视上能见到妈妈。有时在客厅玩耍，远远看到电视里妈妈在说话，她会急匆匆跑过去，把脸贴上电视机屏。而电视镜头一闪而过，刚才的妈妈不见了，换成了陌生人，她会即时伤心起来。

她见妈妈在电视上唱歌，在生活中也唱着歌，甚至带她在游泳池、在儿童乐园等不分场合地唱歌，于是，她也就依样学样。此后，在幼儿园和小学、中学,她都是文艺活动积极分子,而且很早就参加了中央电视台银河少年合唱团、东城区少年宫演出队……

百度上对我女儿是这样介绍的:"张可盈,中央戏剧学院在读生,中国内地女演员、歌手,因中学时主演李欣凌导演的音乐剧《绿野仙踪》而出道……"

这个报道是事实,但我以为,就她个人而言,自从学会说话那天起,仿佛就爱上了唱歌和表演。有爱好,就有行动,机会来时,她就是积极冲上前的"那一个"。

记得还是幼儿园时期,我们住的小区——龙城花园物业公司组织春节联欢晚会,由于报名演出的人不多,女儿就带着她的小伙伴京京、静静先后演了五个节目,独唱、二重唱、合唱、独舞和群舞。仿佛只要让她演,她就不会走下舞台似的。

女儿是在景山学校完成小学、中学学业的,除了文艺爱好之外,我们也像大多数中国父母一样,希望女儿有个好的文化课成绩。但这个愿望如何实现,我还真用了一些心思。

我不愿用父母以往的老套办法,用奖罚等手段督促孩子的学习,我觉得那样会把孩子的责任变成父母自己的责任;我也不愿意天天讲什么学习的重要性,讲什么将来上大学,找好的工作,等等,我觉得对于一个孩子而言,这些大道理无法驱动她内心的积极性。

有天早上我开车送女儿去学校,半路上她突然对我说:"爸爸,我不想上学了!"我听了这话,看看手表,觉得离上课的时间还早,于是就在路口打了一把方向盘,掉头就往回开,然后跟女儿说:"那咱们回家吧。"

女儿未料到我这么干脆,我接着问:"那你跟爸爸上单位呢还是找谁玩玩呢?"

"嗯……"她一时没了主意。

正常上学期间,同龄的伙伴都在学校呢,这会儿她肯定找不到朋友。最好的伙伴京京住在景山附近,这会儿早已到校了。

"你要不要叫京京也不上学了,叫她来咱们家一块玩?"我有意逗她。

女儿知道这是不可能的,于是只好又小声说道:"还是去学校吧!"

平时,我们有意不叫她快点起床、快点上学、快点做作业,反而让她自己掌握时间,如果拖延时间,就让她自己承担迟到旷课的责任,让老师督导她改进,由此渐渐养成守时的习惯。

就是学习成绩也不必一味追求科科高分。有次数学测验她考了五十九分,在回家的路上,她有些惭愧地告诉我以后,我却说:"不错呀,闺女,你比爸爸多十分哦!"

女儿不解地看我,我说:"我中学时有次数学考试只得了四十九分!"我不想让已然受到挫折的女儿因为面对父母的指责而再增加压力。

"我更关心你的语文成绩哦。"我之前已从班主任老师那里得知,本次测验,女儿语文成绩在班级排前几名,但我有意问她。

"第三名!"女儿自豪地说。

"那不就得了!"我鼓励她说,"你不要既想当科学家又想当文学家!"听了这话,女儿的情绪明显好转了。

女儿的偏科倾向，表现出她对文艺的爱好，我决定扬长避短，把文科作为她的主攻方向。

我去学校接她，今天发信息"出校门右拐一百米路南找爹"，明天发"爹车停校门东八十米路北处"。女儿放学时，先要准确领会这些短信的含义才能顺利找到我。

"爸爸你就不能固定一个地方方便我找你吗？"

我说："路边停车位不可能固定的。"

有时我们一家开车外出，路上遇堵时，我们就在车上玩三人接龙游戏——"我爱祖国，国富民强，强强联合，合作共赢，赢在当下，下里巴人，人民万岁，岁岁平安，安全第一，义愤填膺，迎来百花开，开卷考试，试用期，期中考试，试用期……"

"犯规犯规，爸爸你重复了！"

"哈哈哈哈！"

这种游戏玩儿多了，对词汇句子的掌握程度、反应速度及口语表达能力等都得到有益的锻炼。

我有意辅导女儿的写作，在外出旅游时，我会备好纸笔，让她和同行的表弟一块儿写日记，写命题作文。

有次女儿写作文《我的父亲》，开头一句便是："我有一个老实憨厚的父亲……"夫人看了，笑得合不拢嘴："闺女，你觉得你爸怎么老实憨厚呢？"

女儿为自己辩解："我看到的爸爸就是老实憨厚！"

是呀，再怎么奸诈的人，在自己女儿面前，恐怕往往展示出一副正面的形象。

女儿写姥爷的一篇作文被老师给了好评，我于是把这篇作文投到《北京青年报》"中学生语文"专栏并顺利发表了，这样令女儿在景山同学当中真正获得了"语文成绩了得！"的好评。

2015年女儿高考，艺考和文化课的成绩都相当好，同时被北京、上海、香港几所一流院校录取。也许是小时候出生在深圳之故，也许是受到港台明星的影响，她最后选择了去香港演艺学院就读。

上学之余，她还拜香港著名音乐教育家洛诗婷为师，学唱粤语歌。

一年后，我在香港一个酒店与女儿爆发激烈冲突，原因是她要退学。

作为中国父母，历经千辛万苦把孩子送进大学，且是名牌大学，无不千珍惜万珍惜。我的女儿在港一年，获得了香港演艺学院的政府奖学金八万港元，还登上红磡体育馆，参加"香港青年音乐节"的演出。

我劝女儿慎重，退学之后再次高考的风险太大！但女儿已下决心，我与夫人无奈，只好陪同她再受高考的煎熬。2016年，她因参加湖南卫视一档节目，未能赶上考期，于是只能备考2017年。

高考前夕，我与夫人虽然希望她认真复习备考，却又不得不常常深夜轮流劝她休息，别太拼命了。

令我欣慰的是，女儿再一次以文化课第一名的成绩被中央戏剧学院录取。

每次说起她本可以在2015年进入中戏，何以要去香港绕个圈子时，女儿反而自豪地说："老天爷让我多一份香港经历，让我享受讲粤语、唱粤语歌的乐趣！"

尽管还有一年女儿才能从中戏毕业，但她利用课余时间已经常参演话剧、电视剧，也出新歌。

为此，我与著名作曲家李岱珂合作，为女儿量身定作了一首歌——《会飞的鱼》，词中有："温室没有真安逸，劈荆斩浪才觉神奇。冲破那鱼缸和牢笼，勇敢搏击！"

这是一首年轻人励志奋进的歌，也是她本人的生动写照。

值得庆幸的是，这首歌在一个音乐节上获得大奖。主持人问她："你想把这个好消息第一个告诉谁？"

"奶奶！"女儿不假思索地说。

此话令我更加欣慰。

女儿是我母亲唯一的孙女，祖孙之情甚至超过父女之情。如果要问谁是从小到大没有与女儿争吵过的人，那恐怕只有她奶奶了。

女儿说，小时候奶奶陪她看电视，有一个公益广告，是小女孩儿端水给妈妈洗脚的片段，这令她难忘。她在奶奶身边长大，如今奶奶八十八岁了，平日里来自孙女的问候，常常是老人家最大的安慰与幸福。

2020 年 7 月 25 日于北京

给女儿的五封信
之一　以爱立心

女儿：

爸爸少年时读《傅雷家书》，就对于日后身为人父的责任有了一些认识，我敬佩傅雷先生对于教育子女所付出的那份热忱与耐心，更对他富于睿智的思想以及灵活适用的方法记忆深刻。

如果说爸爸之前用一篇随笔《女儿经》回顾总结了你离开大学校园之前，爸爸的"育女"心经，那么爸爸对于你今后的漫长人生路仍有许多个不放心，也还想继续当你的人生"参谋"。

情况不同的是，之前你作为孩子，生活在父母身边，我对于你的生活了如指掌，也可以随时随地给予你指导。而今后，你将以成人的身份进入社会，你有了独立的生活，独立的社交和朋友圈，有了自己的职业规划和事业平台，你与爸爸见面的机会在减少，相处的时间也日见其短，而在鲜有的聚会时刻，爸爸又不愿谈及太过严肃的话题，因此，我便想写信给你。

这里涉及的话题，也许令你感到有些老土、有些说教，但六十年的人生经历告诉爸爸，有些问题固然是老的，但它却是人生无法回避的，也是模糊不得的。

这次先谈谈"以爱立心"的话题。

爸爸对于中外不同的宗教教义了解甚少，但发现，很多宗教也都有关于"爱"的论述，而你的成长过程也处处在爱的陪伴之下。

由此可见，不管你愿不愿意，无论你对爱是否有一些理论见解或是认识模糊，都无法回避。

许多时候，人们谈爱，要么空洞而高调，要么具体而通俗，但我以为，关于爱，的的确确应该纳入一个人的心理建设当中，让爱成为你精神世界的基础并引领你的行为。

我愿意把这里说的爱归纳为四点：一是爱国；二是爱党；三是爱家乡；四是爱人。

一、爱国

爸爸上小学时，学唱《我爱北京天安门》，那会儿觉得国家就像日月星河一般，虽然存在，但太过遥远；长大些，我上了中学且选择了"文艺理论"专业班，音乐老师教我们唱《我为伟大祖国站岗》《祖国处处换新貌》，由此我慢慢认识了国家，喜欢上历史课，对于鸦片战争以来的中国近代史感到窝囊与不平。而成为农民、军人，进城当了干部，后来又经商办企业种种经历，使我在"未读完万卷书，却行超万里路"之后，对国家的认识大不相同了。

是的，中国在近代史当中，是个备受列强欺负的国家，是一个贫穷落后的国家。但所幸，我们早在两千多年前，就是个由秦统一了的庞大帝国。唐宗宋祖、一代天骄……历史的星空下有太多顶天立地的英雄。以"四大发明"为代表的科技进步，以唐诗、宋词、元曲、国画、书法为代表的文化艺术，无不彰显着我们国家光辉灿烂的历史。

"共产党领导救中国"，爸爸有幸出生于1959年12月，即国庆十周年之后，我们这一代人习惯说自己"生在红旗下，长在红旗下"。尽管在六七十年代，我们过了一段艰苦的日子，但从1979年中国进入改革开放之后，我们国家便进入了超速发展的新时代。

当我们今天过上"有房有车有存款"的日子的时候，不能不说我们越过了新中国起步阶段的艰苦岁月。做今天的中国人,远比做那时的中国人幸福。因此,我们在心生庆幸的时候,重读一遍烈士方志敏写于狱中的《可爱的中国》,是不是就会由衷地感到中国的可爱呢?

不过,我必须要说,当国门打开,我们在与西方国家进行经济往来的同时,不可能不进行文化交流。这时,西方文化的精华与糟粕都会同时涌入中国。于是有的人,尤其是一些年轻朋友,就可能被误导,以至于在有些人的口中,"外国的月亮比中国圆""外国的空气比中国甜",凡此种种,既表现出一副奴颜婢膝的丑陋面目,也显示出一种浅薄与无知。

爸爸希望自己的女儿,无论何时何地,都以"我是中国人"而骄傲,而且以"中国人"应有的政治觉悟和道德操守,捍卫国家尊严,维护国家荣誉。

在这里,爸爸想强调一点:爱国绝不是口号,而是不可缺少的情感归依。打个比方,两个人因相爱而结婚,从而相守一生,彼此实现了"且以真情共此生"的圆满。倘若两个人没有了爱,却苟且在婚姻的牢笼当中,那岂不是要遗憾一生呢?

生为中国人,我们爱国,国亦爱我,这是个互相温暖的动态关系。相反,如果崇洋媚外,人本身生活在中国或拿着中国护照,却爱着别的什么国,这与同床异梦的夫妻有何不同?

我不反对有人移居海外,居住地也不影响爱国心。每当国家有难,广大爱国侨胞捐款捐物就是明证。我看不起的一种人,是一切依赖着中国,却一门心思唱衰中国,这种人与抗日战争时期的汉奸无异。

他们的恶劣言行,必将使自己的个人情感在国家层面成为孤魂野鬼,必将为国家所唾弃，也不会为同胞所容，这就是背弃祖国的人必将付出的情感代价。君不见，有几个崇洋媚外的中国人，真正获得了"异国主子"的真爱呢？利用完了必将被人弃如敝屣。生为中国人，只有中国才值得我们爱，一生一世地爱！

二、爱党

爸爸1979年6月光荣地加入中国共产党，至今已有四十余年党龄了。我记得我在入党宣誓时，誓词中有"为了人民的利益不惜牺牲自己"的语句。

显然，这份誓词，表达了入党者对党、对人民的忠诚，表达了为人民服务的愿望，以及在危难时刻，为了国家与人民的利益不惜牺牲的大无畏精神。

这不是空洞的口号，而是一个人树立家国情怀的基础，它能帮助你从"小我"走出来，慢慢培养你"胸怀天下，放眼世界"的格局。

我从一个放羊少年开始，走出乡村，十九岁就以共产党员的身份，一步步完成自己的人生历程。我觉得，共产党给每一位党员指明了前进的方向，它会令你的生活更有方向感，更充实、更快乐、更幸福。

女儿，也许你会说："爸爸，你是党员你爱党，可我不是党员呀！"

是的，中国有十四亿多人口，共产党员有九千多万，是世界上党员人数最多的执政党。党员均来自人民群众，而且是群众当中涌现出来的先进分子，而共产党的立党宗旨是为人民服务。作为执政党，其治国理政的出发点也是全心全意为人民服务。

自二十世纪初，即1911年辛亥革命推翻了清王朝开始，中国一代又一代志士仁人，一直在寻找中国方向、中国道路。孙中山的国民党、袁世凯的北洋集团，直到蒋家王朝1949年败退中国台湾，都没有带领中国走出困境，只有当中国共产党走上执政舞台之后，中国这个东方巨人才真正站立起来了。

爸爸去过许多国家，不能否认在现代化发展进程当中，有的国家比中国走得早、走得快，我们应虚心向先进学习。但我们不能妄自菲薄。当我们成为世界第二大经济体的时候，我们怎能不为执政的共产党点赞呢？

爸爸看到社会上有人"端上大碗吃肉，放下筷子骂娘"，也有极少数青年朋友以与政府唱反调为荣、为酷，殊不知，如果不是别有用心，那就是没有比较的盲从表现。

年初以来，席卷全球的新冠疫情是一面照"妖"镜，西方一些国家消极抗疫，致使医疗体系不堪重负，于是有的国家政府放弃对六十岁以上人士施救，任其自生自灭。

反观中国抗疫，无论是"第一役"，还是"第二役"，我们在党中央强有力的领导下，把我国制度和治理体系的优势发挥得淋漓尽致。"应检尽检，应治尽治"是中国共产党领导的政府对人民的庄严承诺，也是对广大人民群众的真正大爱。

当然，我们说爱与支持，并不是我们作为党员、普通群众不讲原则的爱与支持。我们当然同时拥有监督政府、监督执政党的权利，我们应该具有与"坏人坏事（当然包括党员队伍内部）"做斗争的勇气与习惯，只是我们一切应以爱党、爱政府的心态出发，建议与批评应是建设性的、善意的。

女儿，爸爸建议你向党组织靠拢。你能不能在未来的岁月里入党，那是你的选择，但爸爸想说的是，共产党是一个温暖的大家庭。

三、爱家乡

每个人都有出生地、居住地，所谓故乡和第二、第三故乡的概念就是这样产生的。

爸爸出生于关中平原，且在那里长到十八岁，陕西便是爸爸生于斯、长于斯的故乡；爸爸在湖南当兵，湖南是青春梦起之地，爸爸始终认为湖南是我的第二故乡；爸爸在河南上学、提干，那里堪称爸爸的圆梦之地；北京是首都，又是我们家定居和生活时间最长的地方；海南、广东、香港特别行政区也都有过爸爸工作的足迹；就是新疆维吾尔自治区、西藏和云贵川，也都有爸爸要好的战友、朋友；内蒙古是爸爸未曾到过的地方，但爸爸从小就看玛拉沁夫的小说，而歌曲《天边》又是爸爸的最爱。

可以这样说，我爱自己的家乡，也爱自己足迹所及的每一块土地，这也许就是我所理解的乡愁吧。

你出生在广东，在香港上过学，从小也随父母工作的变化而一块儿迁徙，由此拓展了你的视野。爸爸希望你也像我一样，用饱含爱的情感，看待过去的一草一木、一人一事。固然我们经历过疾风暴雨，也遇到过不堪的人事，但我未曾把不好的事与一个地方关联起来，"容我立身之地，当是我之天堂"，这就是我的家乡观念。

你立志当演员、歌手，九州方圆里，处处都可能有你的观众、听众，他们是你的上帝和亲人，你不可以有厚此薄彼的想法，这恐怕应该是现代青年最基本的素养之一。

四、爱人

你在一次音乐典礼上获了奖,当主持人问你"好消息最想告诉谁"时,你脱口而出:"奶奶!"

奶奶为此感动落泪,爸爸为此也欣喜不已。其实,你忙里偷闲,请八十八岁的奶奶、八十六岁的姥姥吃饭;你见爸爸眼睛充血,半夜去给爸爸买药……无不说明你是个富有爱心的好孩子。

但爸爸觉得,一个孩子在家人的爱护中长大,长大后反过来再爱护自己的家人是容易的。但如何爱周围的人、陌生的人,甚至爱那些曾经反对自己、对自己不敬的人呢?

我觉得,内心有爱才能感受到爱,而内心有恨则常被恨意所包围。

人人都想走一世快乐的人生路,没有人愿意用恨意耗费自己的大好年华。

当然,这里所说的爱,是指一种心态,一种对人对事的方法论。

"世界上没有无缘无敌的爱,也没有无缘无故的恨",此说正确。当爱的心态要转换成面对具体的人事时,爱恨当然要分析,要爱憎分明,不仅如此,我们还要有自我保护意识。

爸爸曾看过一部电影,一个母亲教导上学的女儿要善待他人、乐于助人,结果有一个罪犯在路上拦住这个女孩,借口让女孩帮助他修车,借机绑架并性侵了这个女孩。女孩在获救之后,埋怨母亲以往给她的教导。在我看来,这位母亲在教导孩子时一味地偏向"助人为乐"一面,而忽视了"自我保护"的另一面。

女儿,爸爸要告诉你,天使与魔鬼都在你的身边,我们要以爱心自立,但我们不能是个现实生活中的"傻白甜"，不能给坏人以可乘之机。

自我保护是一个更广泛的话题，改日再讨论。

当然,这封信涉及的爱的内含也十分广泛,爸爸所言未必全面,供你参考。

顺致

夏安!

爸爸

2020 年 8 月 8 日于近月台

给女儿的五封信
之二 以技立身

女儿：

在爸爸小的时候，你爷爷经常对我说："你要学本领，将来要靠自己端一碗饭。"

这话通俗朴实，却是一个"放之四海而皆准"的道理。

你出生在不缺吃少穿的家庭，而且是独生女儿，"穷养儿子富养女"的教育观也左右着我和你妈妈的行为。所以，你可能习惯性地觉得，父母的饭就是自己的饭，也未曾对将来的"吃饭"问题伤神费心。在你成人之前，这个认识当然也没有错。

大多数中国父母努力奋斗的目的，往往是想让下一代人生活得更好一些，老话"前人栽树，后人乘凉"也是这么说的。

相比之下，爸爸生长在六十年代，那时正值我国经济困难时期，家里兄弟姐妹又多，经常要面对"青黄不接"的窘境。当"吃饭"变成一家三代的首要难题时，你大概不难理解，为何你爷爷身心所系的大事就是吃饭。

我是以营养不良的身体条件进入十八岁的，贫血导致我不止一次地晕倒过。这促使我更加深刻地领悟到你爷爷对儿女们未来的期望。说白一些，即在我成人之前，你爷爷是愿意养我长大的，但在我成人之后，你爷爷却希望我自己养活自己。

他对养大一群孩子日渐感到力不从心了，对自己年老时失去劳动能力之后的生计也心生忧虑。因此，他期待儿女们自立并在将来有能力时赡养父母双亲。这也是中国社会代代相传的伦理道德，所谓"养儿防老"。

以此为目标，你爷爷所能帮助爸爸的地方，除了要我重视学业之外，就是教会我种田的本领，当一个合格的农民。他说："在咱村里，你只要勤快，就不会被饿死！"

不被饿死，也许是我们这一代人最初的人生动力，所谓的职业选择，一切行动都围绕着这个核心。

于是，爸爸在当兵之前，就熟练地掌握了农村生活的所有技能，端上了自己的"饭碗"，尽管这碗饭仅能果腹。

那时的人，大家的经济条件相差不多，能把孩子们拉扯长大已属不易，谈不上"留下遗产"的问题，相应地，成年的儿女几乎没有人愿意（也不可能）依赖父母过日子。如果个别人好吃懒做，死心塌地依靠父母，则会被人说成"废物""二流子（陕西土话，指不务正业游手好闲之人）"！这种人是没有人格尊严可言的，甚至连他的妻子儿女也会瞧不起他！摊上这种"废物"儿女的父母，绝没有人生幸福可言。

由此可见，自食其力，在任何年代，都是维护人格尊严、获得幸福快乐的基本要素。

但人往高处走，在不被饿死的台阶上站稳以后，就想往吃得饱、吃得好的高处攀登。

爸爸就是在这种心理驱使下穿上军装的，这也令我的职业由农民变成了军人，我成了一名基建工程兵战士，我得以学习瓦工、木工、钢筋工，后来又去师教导队举办的战士骨干班脱产学习，专业是"工业与民用建筑"，转业后从事的行业也多是与建筑打交道。

显然，爸爸这代人，许多时候自己的命运是被大时代裹挟而行。所幸，我被动地接受，反而少去了选择的犹豫与焦虑。我们年轻时，习惯了听从党组织的号召，树立了"当革命的螺丝钉"的观念。恰好那时正处"对越自卫反击战"的时期，同样穿着有领章帽徽的军装，野战部队的战友血洒疆场，以生命保卫祖国，我们作为工程兵部队，却置身于和平的城镇，大家自觉在对待工作时，没有任何挑肥拣瘦的理由，也没有怕苦怕累的资格。

几十年过来，事实告诉我，一心跟党走，党不仅没有辜负我，反而给予我良好的事业平台。尽管我从事的职业有变化，但社会大环境日益改善，我通过努力，过上了美好幸福的生活。

作为我的女儿，你虽然从未有过来自"吃饭"（物质条件）的压力，但围绕"吃饭"（职业）问题，爸爸还是想与你做一些探讨。毕竟职业是关乎你安身立命的大话题，也关乎你的物质和精神生活质量。

一、职业的意义

每一个人都生活在特定的社会环境中。做什么工作？有没有正当职业？经济收入有多少？能不能养家糊口？可不可能发家致富？是承接父辈事业的有为传人，还是坐吃山空的败家子？是白手起家的逆袭英雄，还是买彩票中大奖的幸运儿？人们在比较当中激发动力，调整方向，研判方法，社会生活也由此呈现出千帆竞发、百舸争流的热闹局面。

这是人性使然，是你必须接受的社会现实。人们常常感慨社会充满着残酷的竞争，各行各业都挤满了人，而且任何时候，成功仿佛只属于少数人，大多数人要么是陪跑者，要么空有一番热闹，更不幸的则可能成为被遗忘的残枝落叶。

女儿,你从小是个争强好胜的孩子,面对职场的残酷竞争,又该如何自处呢?

爸爸认为,人生既是一场竞技,但也是一次旅游。当你选定自己的职业之后,可以埋头耕耘,少问收获。感受职场中的春华秋实、风花雪月,这个过程本就有积极的人生意义。

常有登山者,费了九牛二虎之力爬上山顶,可在山顶仅仅停留几分钟后,便又匆匆下山。问他登山的意义,他说漫长的登山过程比"不胜寒"的高处更重要。

也许职业的道理与登山类似。无论你的职业成就怎么样,有职业,便有生活抓手,便有付出,便有磨炼,便有成败。相应地,也会有同路人,有分享快乐或分担痛苦的同志朋友,你也不会因为独守一隅而饱受孤独之苦。

当然,职业令你在吃上"一碗饭"时,还可能带来满足感、成就感,还可能使你增添"我行"的自信心,而这一切,难道不是快乐生活必须有的内容吗?

当然,希望登顶是登山者的心愿,希望在自己的事业平台上实现大成功也是职业人都有的理想。这一点不必否认与回避,只是保持积极乐观的心态就是了。倘若冠军的奖杯到手,我们在高兴之余感恩对职业的选择与努力;倘若冠军被他人所获,我们也大可不必自叹自艾,毕竟参与竞争的本身已然构成了人生的内容与体验。更何况,一个有勇气感受人生滋味的人,从来都把成功与失败看成两只手,缺一不可。事实上,世界上没有常胜将军,也没有天天都撞霉运的人。

二、职业的选择

你明年就大学毕业了，即使现在还在校，但你也已在寒暑假和业余时间里，参加了电视剧、话剧的拍摄（演出），你的学业与职业可谓无缝对接，这是何等有幸的事。

爸爸不会用自己的经历，刻板地要求你走父辈的路。社会环境发生变化了，你们有你们的条件，你有你的爱好。

你在中央戏剧学院学习专业表演，业余学习唱歌，网络上介绍你是"中国演员，歌手"。由此可见，你已经完成了职业选择，有了事业定位。

三、职业的追求

演员、歌手是个特殊的职业，特就特在这个职业要"露脸"，要展示自己光鲜美丽的一面，要与观（听）众积极互动，于是便容易出名，容易圈粉，也容易因作品而被观（听）众神化，"巨星""明星""女神""男神"就是由行业特点衍生而来的用词。

在此，爸爸要说的是，明星固然是演员、歌手的耀眼标签，也被圈内男女争先恐后地追求。但对这些各"领风骚数几年"的光环，要有冷静的认识。来之受之，不来也不必强争，切不可将此当成演员、歌手追求的主要目标。

我承认，因为演员、歌手曝光率太高了，是容易出名的。爸爸在这里想提醒你，你将来可能因为某部影视剧、某首歌的成功而获得更大的名声，你可以将此看成团队努力的结果，看成运气好的结果，大可不必沾沾自喜，从而自我膨胀；倘若演戏、唱歌一直不温不火，长期默默无闻，那也正常，也要以平常心对待。在我看来，当个绿叶，同样有绿叶的价值，甚至好的绿叶有时好过早谢的鲜花呢。

再者,演员、歌手作为职业,同样有"挣钱养家"的使命。旧中国把这一行看成"下三烂",歧视演员、歌手,甚至诬称其为"戏子",这些当然是不对的。也许你今后会遇到有人用这样的语言攻击你,倘如此,你也不必为一些"疯人疯语"而心有不平。俗话说,林子大了,什么鸟都有。抵御此等语言伤害,应培养坚强的心脏。反过来说,当今天"追星"已成流行文化风景时,你也不能把成为"星"当成目标,从而忘记演技和唱功才是你的看家本领,更不能把"星"这个虚衔当成高人一等的标志。

与任何职业一样,只有当你做出突出成绩时,你才有可能受到人们尊重,也才有骄傲的资本。

"活到老,学到老"是爸爸的座右铭。爸爸今天所有的所谓本领,无不从学习中获得,学习使自己具有无限的可能。我希望你继承爸爸"永远当学生"的精神。

四、职业的自律

演员、歌手作为公众人物,他(她)的工作、生活都可能成为媒体关注的焦点,其言行举止或正面、或负面,均会造成一定的社会影响。我们常常看到有的演员、歌手,因其良好的正面形象而受到广大观众的拥戴,美誉度爆表;而有的演员、歌手原本在观众心目中的形象还不错,可是因为某些不当言行(包括政治错误、作风问题)在网上曝光,或被人偷拍、或因家庭矛盾相互揭丑等导致有违社会道德规范的行为公之于世,便瞬间人设崩塌,其职业生涯的前景也蒙上一层阴影。要知道,今天的电子眼哪里没有呢?哪个人不是录音、录像师呢？要想人不知，除非己莫为呀！

　　女儿，你既然将演员、歌手作为职业，你就要有"夹着尾巴"做人的心理准备，你就要记着"满招损，谦受益"的道理，你就要习惯牺牲一些个人隐私，就要处处注意自己的言行，就要有比一般人更强的自律精神，就要不断加强自身修养，要瞄准"德艺双馨"的目标，一步步前行。

　　谨此，顺致
学习进步！

爸爸
2020 年 8 月 11 日于近月台

给女儿的五封信
之三 乐观天下

女儿：

请你静静地想一想，人与人打交道、相处，特别是与家人相处，产生影响的不是高矮胖瘦，而是他（她）的性格。

别人的性格作用于我，我的性格作用于人，自己的性格也作用于自己的言行。

由此可见，性格是何等重要啊！它对人日常生活的影响是显而易见的，更关乎人的一生的成败悲喜。有个常见的说法是"性格决定命运"。

如果把人的性格分为两类，我愿意用乐观型与悲观型来划分。

与人的长相一样，性格是人无法选择的，但亦如人的长相一样，也是渐渐变化的。这种变化可能由人的内在因素与外在因素相互作用所产生。原因也有许多：一是血型不同，性格也可能有异；二是父母的基因及耳濡目染的影响；三是在成长过程中的自我修养；四是突发人生的变故，受到某种重大的心理刺激；五是宗教信仰的影响；六是其他因素。

女儿，你在回答别人问"你的性格像谁"时，曾说："表面上像我妈，但最牛的地方像我爸。"爸爸听了有些欣慰，尤其是你对"最牛"的解释是"凡事不上头"。

其实"不上头"的潜台词是冷静、从容、胸有成竹。也就是说，凡事都看得不那么"了不得"，不那么负面。反之，凡事"上头"的潜台词是冲动、情绪化，也就是他（她）容易把什么事情都看得"了不得"，负面因素令自己或气急败坏或愁云密布。

显然，爸爸觉得人的性格是可塑的，尤其是成长中的孩子。而作为父亲，与其给你讲空洞的大道理，还不如结合自己的心得体会，与你聊一聊性格修养问题。

一、性格是可变的

爸爸小时候经常帮助你奶奶干家务活，你奶奶凡事认真仔细，我也依样学样。有段时间，每天晚上睡觉时，我都要去鸡窝看一看正在孵小鸡的老母鸡，还伸手摸一摸母鸡身体下面的鸡蛋是否完好（老母鸡不小心时会踩碎鸡蛋）。我有时候都已经上床睡觉了，突然想起门口猪圈边上有一把铁锹忘了拿回家来，于是赶紧开门去拿。

我那时觉得自己心细，什么事都操心，像个小大人似的，如果遇到不好的事，比如家里的狗被别人杀了吃肉了，或者家里菜园子的南瓜被人偷了，或者与邻居发生口角了，都会忧心忡忡、唉声叹气。每当这时，你那个当过兵的爷爷就会呵斥我："有什么大不了的！叹什么气！"

他经常劝告爸爸说，男子汉，如果一日三叹，将来不会有什么出息的！

你爷爷嫌弃我太细心，而当我与同伴打球、摔跤甚至打架时，他却持支持态度，甚至教我如何去赢、去用点子（脑）。

你爷爷是在缝纫机上教会我写字的，他热衷于给我找小人书（连环画），讲他在部队上的故事。

在你爷爷的帮助引导之下，我的目光渐渐离开了小村庄，朝向更广阔的天地，心思也不在鸡狗猪羊身上了，我觉得应该学习当个男子汉，去想大点儿的事。

那时村中间的水渠里常有青蛙和蛇，一帮孩子没事儿就会去抓着玩，我原本不敢上前，但想到胆子小了也太没面子，别人敢我也敢，于是就鼓起勇气学着去抓。有了第一回就有了第二回，以至于后来伙伴们碰到蛇就叫我，我从一个胆小的人变成了一个胆大的人。

女儿，你细细想想，你是不是在小时候遇事"总上头"呢？你在爷爷奶奶、姥姥姥爷一大群宠你的长辈跟前，当了时期不短的唯一的"公主"，凡事以你为中心，任性、爱哭、不讲理。上学后，你长大了、"懂事"了，现在遇事"不上头"了。从"上头"到"不上头"，人们常常说那是长大懂事了，不那么小孩子气了。

此说没错，但我以为，懂事的过程实际上也是性格修养与历练的过程。

由此可见，性格并非一成不变，任何基因、血型也不会固化性格。

话说回来，并不是每一个人长大成人后性格就自动修养成熟，有的人终其一生都受制于自己的臭脾气，甚至冲动之下酿成一失足成千古恨的大错。这种人被人说成幼稚，说成是永远长不大的人！

生活中不难看到这种人，"一点就着"，遇事火冒三丈，甚至还动手打人、家暴，或者哭闹自残，凡此种种，都令旁人所不齿，更令亲人们郁闷而痛心。

每当这时，当事者过后冷静下来，往往也会懊悔不已，而身边亲人，哪一个不希望他（她）慢慢改好呢？

二、判断力是乐观的基础

也许我们平时说某人乐观、某人悲观，只是看他（她）摆在明面上的性格特征罢了,其实你看到的性格,如同看到海上游轮的水上船体,你未见到的性格如同水下部分的船体。而你看不见的部分,才是决定看得见那部分的关键因素。也就是说,内心乐观时,脸上才会展现乐观;水下船体稳固了,水上船体才不会散架。

判断力就是我说的看不见的因素,但这一点却往往被人忽视,习惯看表面现象,且立即做出反应,这往往都是以判断力缺失为前提的。

有一个"半杯水"的例子常被人引用,即乐观的人见了半杯水,看到了有水的部分说:"还有半杯水呢!"而悲观的人看到了无水的部分说:"空着半个杯子呢!"

说到此,仿佛两种不同性格的人壁垒分明,也十分形象,但细做分析就会发现,这两个人说话之前,都有一个对半杯水的判断问题。

乐观的人想:有这半杯水在,我便不会马上陷于无水的窘境,从现在开始,我离用完半杯水还有一段时间,我可以想办法解决后续用水问题。况且此地能用杯子装水,说明我可能离水源不远,可能在离城镇不远的地方(沙漠与深山老林中则难以见到水杯),这样便有利于我找到水源,因此,我对迈过这一个坎儿满怀信心。再说,我亲自动手找水源,还有机会锻炼一下自己的求生能力,这也没有什么不好。

而悲观的人却这样想:空着半个杯子,用完剩下的半杯水之后,我便陷入了无水的险境。从现在开始,我寻找新的水源仅有半杯水的工夫,旁边又没有自来水管,别的水源在哪儿我又不知道,之前我又未干过找水的工作,断水后就会有死亡危险,我怎么会遭此厄运,老天爷不公平,天哪!

前者如此之轻松,一派风平浪静的模样;后者则呈大难临头,逃无可逃之态。

两者之间的差别在于看问题的角度,在于自己应对问题的态度。当问题摆在面前,以"我能解决"对待,当然云淡风轻;而满脑子"我怎么这么倒霉",那又怎能不悲观呢?

既然凡事都有判断力的差异,而如何判断又决定你的心理状态和应对问题的情绪与办法,那么,是不是遇到问题时,就应该先冷静下来,给自己分析、了解、做出判决留下点时间呢?

"一点就着"的人,与其说他脾气不好,爱生气发火,还不如说他没有学会冷静分析、判断、解决问题的能力与方法。他也没有看透一个现象,那就是在"点着"的同时,那股"火"烧掉了别人对你的尊重,也烧掉了自己的快乐。

三、看到"乐"才能乐观

世界观决定方法论。世界观是个大话题,我无力妄论。这里只取其一字"观"来拆解分析。

观也看也,两个字同义。我在讨论乐观、悲观两种性格时,之所以要拿"观""看"说事,乃在于这一义两字与性格的关系非同一般。

我有一句原创的话——"细想眼前事,几个撑破天"。我也常听人道:"万里长城今犹在,不见当年秦始皇。"这两句话都是看问题的方法论。它叫人凡事目光放远,不必太计较眼前得失,除了生死,世上并无大事。

但你看看身边人,无论悲观乐观,他(她)都以对生活的看法为前提,而如何"看",人们又有着人性当中亘古不变的方法——比较。

大城市是与小城市比较出来的,"学霸"是与学习成绩差的学生比较出来的,高与低比,胖与瘦比,富与穷比,黑与白比……天地万物,莫不是因比较而出结论。

但世俗生活中如何比较,却关系着我们的心情。邻居家孩子考上名校,有的家长可能指责自己的孩子不争气;别人丈夫做生意发了大财,有些人可能骂自己丈夫窝囊废;有人不吃饭也日见体胖,闺蜜大吃大喝却苗条依旧,当事人于是抑郁不已……

习惯比较着看问题,比较中褒奖或贬损他人,是我们常见的一种人。但我以为,比较虽是一种近乎天生的习惯,却蕴藏着不少学问。

我在部队上教导队时,第一次提干审核没有通过,这对我是个打击,干部科宁想功干事深夜来宿舍探视我,说害怕我想不通走极端。我说,我穿上军装已经感受到幸福与光荣,这次提干遇阻并没有改变我现有的军人身份,况且我还有下次提干的机会,我怎么会走极端、干傻事?不久后我真的就提干了,再与宁干事谈起,我说,如果第一次遇点挫折就走了极端,那么我岂不自己弄丢了后来的机会。

九十年代初,我与人合作,在海南南丽湖买了一块地,地产泡沫后,土地因过期没有开发而被收回,我损失巨大。车上坐着的岳父(你姥爷)不无忧虑地说:"这可怎么办哪!"我安慰他说:"我来海南办企业,之前赚了,现在赔了,就当捐款了!"

我说得轻松,但心里还是有些可惜。之后我离岛北上,生意又现转机。

再与岳父谈起南丽湖土地,反而觉得多亏政府收回了,否则,我会被套得更深,到最后可能连挪脚的机会也丧失了。

以上两个事例,在于遇到"坏"事时,把它放在更宽广的时空进行比较且自己与自己比较,以此寻找自己的心理支撑与安慰,化解压力,如果就事论事,钻牛角尖,可能就是另一种结果了。所谓"塞翁失马,焉知非福"也就是这个道理。

当然,人最习惯与同学、战友、邻居、兄弟等熟悉的人比,在比的时候寻找"赢"或"比他们强"的感觉,这也许是人之常情。但我想说,也许因为人性中自私的天性,当人人都觉得"比上不足,比下有余"时,仍然习惯于"与上比",由此徒劳地拿回许多"不足"的郁闷心情。

据传,演讲家尼克·胡哲有句话:当你抱怨你的鞋子不好看的时候,有人却没有了脚。

这句话告诉我们,学会且习惯"与下比",便常会得到"有余"的满足感,压力也就没有那么大。

四、乐观也是方法论

女儿,爸爸当然希望你继承爸爸乐观的性格,但我想说,单说乐观比悲观好还不够,还应认识到,乐观也是一个时常可用的工具,一个思想工具。

有的人悲观,凡事消极,习惯给人脸色,气急的时候说话也难听带刺。

你分析一下,当这个人以此面目示人时,他(她)自己有快感吗?有幸福感吗?回答是否定的。

悲观厌世,悲观消极,悲观痛苦,悲观郁闷……你看,前边一悲观,后面跟着一堆负面的词汇。

问题在哪儿呢？我认为，没有使用乐观这个工具，悲观也就成了痛苦的病因。

女儿，记得在你上初中时，我在开车接你回家的路上，与人发生剐蹭事故。本来双方车辆均没有明显损伤，但对方是个愣头青，非要我赔钱不可。

我始终微笑以对，没有多说就递给对方一百元，小伙子说不够，我又递一百元，他还说不够，我再给一百元，他仍然摇头。旁边围观的人看不下去了，说："小伙子你这不是在敲竹杠吗？"

不料，此时小伙子车上下来一个姑娘，她走过来，把钱从小伙子手上抢过去，留下二百元，多余的又还给了我，小伙子这才不好意思地随她走了。

你那天坐在车上，开始有些惊慌，但爸爸有意想花二百元给你上一节交通事故应急处理的见习课，我因为未与对方纠缠，得以及时回家，后来又及时赶上参加了一个重要的宴会。

还有一次，我从香港阳明山庄打的士到香港演艺学院，平时从前山下来，仅八十多元车费，那天司机见我说普通话，以为我不了解香港路线，便有意绕道后山，转了一大圈，最后要收车费一百八十元。我递给司机二百元后说："你不用找了，谢谢你今天带我去后山观光一大圈，我平时都走前山，还没有看过后山风景。"司机知道我原来熟悉路线，于是要退车费，见我婉言谢绝，他连声道谢，像是换了一张人脸似的。

在我看来，让女儿见识父亲从容理性地处理交通事故，或者我因有要事在身，避免与香港司机为车费起纠纷远比多掏那一些车费重要，我不因小事破坏自己愉快的心情也比那点车费值钱。

五、"给牛肉里加点花椒大料"

女儿，你注意观察一下，是不是乐观的人往往会多一些幽默感？反之，悲观的人又缺少些幽默感，且常常会显得严肃有余、活泼不足。

曾经有人在记者会上对中国前外长李肇星提问："您作为代表中国政府面向世界的外长，你如何评价你的长相？"

面对这个不礼貌的且带有明显挑衅意味的问题，长相不那么英俊伟岸的李外长不仅没有表现出不快与尴尬，反而沉着机智地回答："我的长相，在我妈妈看来，那是世界上最好看的脸。"在场的人听了哄堂大笑。大家从中看到这位西方记者的无礼与浅薄，也见识了中国外长的机智与幽默，他为此给自己加了分，也给中国长了脸。

由此我要说，幽默感就像炖牛肉里的花椒大料，就像烤羊肉当中的辣椒孜然。

牛肉羊肉都是好肉，但要有花椒大料与辣椒孜然，其味道就更加诱人了。

由此说，修炼出乐观的性格，再多一些幽默感，岂不是如虎添翼！

小时候你因什么事耍驴，愣是把自己关在书房不吃饭。爸爸用秦腔反复唱一句网络热句："张可盈（贾君鹏），你妈妈喊你楼下吃饭……"如此一来，你破涕为笑；还有一回，你与人闹了别扭，闷闷不乐的，我进门时学着卡通人，从门边探头，一下两下三下……你看着看着就笑了。

这是不是幽默感的作用呢？

女儿，如果你成为乐观的人，且在幽默感的陪伴下面对未来，爸爸将会更加欣慰。

谨此，顺致
快乐！

爸爸

2020 年 8 月 12 日于近月台

给女儿的五封信
之四 以善导航

女儿：

你妈妈作为全国政协委员，曾在政协会议期间接受过记者采访，她对"善"做了一番阐释。面对镜头，她在讲话中引用了古人一句名言："人心向善，福虽未至，祸已远离；人心向恶，祸虽未至，福已远离。"

你是否想过，哪个人活着不是一心追求幸福且着力避免灾祸呢？古人的上述名言，既是对后人的忠告，又是辩证唯物主义的认识论的思想精华。它以哲学的视角，剖析善与福、恶与祸是存在因果关系的。由此可以说，对待善的态度关乎一个人是得福还是罹祸。

爸爸希望女儿幸福，就无法回避讨论"善"的问题。

一、播撒善良的种子

爸爸走出农村当兵，开始时却被村干部的孩子挤掉了本属于自己的名额。你奶奶平时在村里乐于助人是出了名的，本村的下放干部赵叔和广兰婶婶一家经常找你奶奶帮忙。当爸爸被人顶替一事被赵叔知道后，他就让广兰婶婶陪我去找他的战友帮忙，这才又让爸爸拿到了失而复得的入伍通知书，"顶替者"的后门才没有走通。

我有时想，没有你奶奶平时的善行，关键时候怕也难以找赵叔帮忙。如果说你奶奶的善行是种子，那么爸爸当兵便是果实了。

九十年代初，你妈妈主演了中国第一部室内电视连续剧，扮演了一位收养弃婴的善良母亲，此剧大获成功，你妈妈也名利双收。

在谈到一个没有生过孩子的青年演员为何成功地扮演这一个角色时，你妈妈多次谈到，她是以自己的姥姥为原型的，因为姥姥就收养了一个孩子（即你妈妈现在的老舅——你的舅姥爷），且一直将其视若己出。你妈妈每每谈起善良的姥姥，都止不住热泪长流。她形容姥姥最形象的话是，姥姥总操心没有照顾好别人，即使自己仅仅只有饺子汤喝的时候，也还是担心没有让别人把饺子吃饱吃好。

你妈妈以她姥姥为榜样，早就在自己心田播下了善良的种子。因此，她演一个善良的人，本色出演就会成功。

如果把姥姥点点滴滴的言行当成善良的种子，那么你妈妈和她扮演的经典角色以及由此获得的荣誉，是不是善良的果实呢？

就这一点来说，与其说此时爸爸在给女儿上课，不如说这也是爸爸在自我勉励。

二、善良是一生的修行

如果说善良的种子需要靠父母给孩子播入心田的话，那么作为女儿的你，该是已经有这粒种子了。

记得你上小学时，有天大雪，在咱们小区门口的西大望路边上，有一个小孩与一个老者蜷曲着身体躺在一个冒着热气的井盖旁，看上去很狼狈、很可怜。你回到家时，一直问妈妈："他们怎么睡觉呀？怎么吃饭呀？冷不冷呀？"你妈妈一时没有答案，你便显得十分难过。后来你与妈妈商量了一番，先给他们送去两碗热饺子，再到超市买了两件棉大衣送了过去，末了还打电话给北京社会救助站，直到救助站的车接走了他们，你才放下心来。

这件事令爸爸记忆犹新，我由此确知自己的女儿是个有同情心的、善良的孩子。

但爸爸想说,善恶是人性的两面,伴随着一个人的一生。善行不能体现于一时一事,一个人做点好事并不难,难的是一辈子做好事。是否也可以这样说,一个人一时善良并不难,难的是一辈子都善良。

现实生活中总有善恶交织、身份互换的故事。比如一个大家眼中的好人,某日却做了一件坏事,一下子改变了大家的看法,而有的人平时鼠窃狗盗、劣迹斑斑,突然又迷途知返,演绎出"浪子回头金不换"的故事。

尽管善恶在人性中像是钱币的两面,但在一些人的故事中,善恶往往是两个面孔交替使用,但究其根本,我们还是认为善恶是人生两种不同的选择。有的人表面上善,实际上却恶,归根结底还是恶,充其量是个伪装的善人。

生活常识告诉我们,好人坏人,善人恶人,都有着各自的行为逻辑。从一点点坏到比较坏,再到特别坏,从一点点好到比较好,再到特别好,更可能在两个人身上发生,其发展轨迹好像有着惯性似的,善恶两道,各奔东西。

于是爸爸想说,当我的女儿有一颗善良的心的时候,便应该有意识地把"善"当成自己的人生选择,或是行为指南,以善心为发端,以善行为历练,积涓流以成江海,最终摘取丰硕的善的果实。

古人说得好:"勿以善小而不为,勿以恶小而为之。"这是爸爸的座右铭,现在转赠于你。

三、善定有善报

善与恶的斗争同白天与黑夜的较量相似,怕是没有能把对方彻底消灭的时候。尽管我们相信光明终将战胜黑暗,但在某个特殊时期,在某个特定的人或事上,恶有时还会占上风。比如人类历史上的种族屠杀,东西方世界都曾有过的侵略战争或殖民统治，近年来报道过的一个个被打掉的涉黑团伙、一个个被纠正的冤假错案等，都说明了这一点。

尽管如此，我们应该看到，恶无论多么猖狂，无论多么一时得道，历史的车轮都必将把形形色色的恶碾得粉碎。

单就个人而言，你听过的中外历史上的恶徒，有几个是安然终老的？他们多数不得好死！

中国有句古话，叫"善有善报，恶有恶报，不是不报，时候未到，时候一到，一齐都报"。

女儿也许要问我，既然恶人没有好报，那为什么还有那么多恶人呢？这当中想必有许多社会和个人原因，爸爸恐怕一时半会回答不了，但我相信，人心向善，祸定会远离。

爸爸希望女儿一以贯之地善良下去，以此获得心灵的安宁。

有一句俗话说：“为人不做亏心事，半夜敲门心不惊。”分析一下，倘若做亏心的事，那就意味着要昧着良心，就可能是恶意恶行。如果不做亏心事，心便不会惊；要是做了，则必定心惊难安！

相反，一个善良的人，只有沿着善良的道路一步一步前行，才能心不惊，才能保持轻松、快乐、从容而淡静的心情，而这个心情是人生幸福的基本保障。

电视剧《人民的名义》开头有个贪官处长，受贿所得一个多亿，秘密租房存放赃款，平时装着一副清贫样子，案件爆发后却哀叹："那一个亿存着不敢花，整天提心吊胆的，吃不好，睡不好，还落下一身病……"可以想象，贪官从伸手那一天开始，就担心"必被捉"了，这个担心就像是"没有落地的靴子",它从一个人的内心开始,对其实施"恶报"、煎熬。当他们事后悔不当初地忏悔时,那一个个曾经风光无限的贪官,是不是比乞丐还可怜!

四、以善导航

人生几十年,犹如开车上路。错综复杂的道路是要导航的,善就是人生的导航仪。

也许女儿会说:"爸爸你要我向善,我也认同,但具体到日常生活中,我仍然会感到迷茫。"在这里爸爸要说的是,善行其实有明确的路线图——守法,言行符合社会主义道德规范,爱国、爱党、爱人民,助人为乐,热心公益,有同理心,当国家有难,有力出力,有钱出钱,为国尽忠,为人尽孝,扮演自己在工作与生活中的正面角色等,这就是善心与善行。

也许爸爸无法说得更具体,总之一句话,向社会学习,以善为目标,以善为方向,做一个远离祸端、平安幸福的人。

最后爸爸再说一句,女孩子都爱美,但人最美的是有一颗朴实善良的心!

此致

安好!

爸爸
2020年8月13日于近月台

给女儿的五封信
之五　恋爱是婚姻的前奏

女儿：

你正处在人生最美好的恋爱季节，爸爸曾在歌词《女儿是爸爸的前世情人》中，表达了对女儿恋爱和将来出嫁的心情，歌曲结尾是"我也知道女大当嫁，可我总是放心不下，我要带着一颗心，陪女儿出嫁"。

歌词可以这样写，但现实生活中，我该怎样带着一颗心陪女儿出嫁呢？这只能是一种心情。作为父亲，我想把自己所知的恋爱与婚姻的一些真相告诉你。

一、爱情是人生最美好的情感

人生的两个基本情感需要，可能就是亲情和爱情了。亲情是与生俱来的，特别是直系血缘关系。只是这种关系在共同生活当中，或因良性互动而日渐深厚，或因生活矛盾而生间隙、疏远甚至反目成仇。

相比而言，爱情是在人生进入青春期以后，自然而然地产生的。

钱锺书先生在其经典小说《围城》里有一句名言：婚姻像一座围城，"城外的人想冲进去，城里的人想逃出来"。这显然是婚姻的一个悖论。尽管此言影响甚广，许多人也自觉不自觉地用自身的婚姻故事来证明这种婚姻观的高妙所在。

但我所见，钱锺书先生与夫人杨绛一生相濡以沫，一直安处婚姻之城，且从进城之日起就再未出城，直至百年终老。他们留下的许多关于婚姻的文字，无不说明他们的婚姻生活是幸福的。甚至在二十世纪中叶的特殊时期，夫妇双双遭受种种厄运时，婚姻还成了彼此活下去的精神支柱。

由此可见，文学作品中的是与非尽管有时也揭示了一定的生活哲理，但终归不是现实生活,我们大可不必因为一句名言而对进入婚姻之城心生恐惧。那么多人恋爱结婚,也说明了大多数人还是认为恋爱与结婚是天经地义的事情,是幸福生活最常见的形式。

爸爸在这里想谈的,在于怎样恋爱。也许你会笑着反问:"这还用你教?"

是的,爱情的美好或者说其中诱人的魅力,自会赋予男女双方超常的力量与智慧。在相互认识、相互靠近,最后结合的过程中,是没有规范教程的,事实上也是"八仙过海",异彩纷呈的。

爸爸想给你的提醒是,在燃烧的激情里添加一些理性,少一些盲目。

二、恋爱会使人成长

恋爱的开端分两种情形:一种是男女双方相遇相识,自己对上了眼,互相爱慕了,加了对方微信,一来二去,便开启了他们的甜蜜之旅;另一种是红娘牵线,两人彼此权衡一番,觉得有必要试着牵手,于是以结婚为目标谈起了"恋爱"。

这两种情形孰好孰孬不好妄下结论,但前者往往情在前,条件在后,而后者反之。

我更赞成前者。但这种"相遇"模式有着极大的偶然性、不确定性。对此,西方人常用"被丘比特的箭射中了"来形容这种未知的美事,而中国人喜欢说它是"天赐的良缘"。

爸爸年轻的时候,与大多数同龄人一样,无论是当兵、上学还是工作,都把目光所及的范围当成自己寻觅意中人的圈子。那时人员流动性小,也没有手机与网络(不可能网恋),所以经常遇到类似团机关几十号男青年都盯着话务班三两个女兵的窘境,以至于许多单位团委、工会要组织男同志多的单位与女同志多的单位(如纺织厂等)举行联欢会,帮助大家创造恋爱机会。

女儿,你们所处的社会环境变了,你可能觉得上一代人太老土,但爸爸却想说,当你们的社交圈大了,相遇相识成了家常便饭时,尽管不会再受父辈"难找"之苦,但会不会又遇到"身在花园不知哪朵好"的问题?要知道,许多时候不是苦恼没有机会,而是机会多了,却无法做出选择。

但恋爱不能过早地设定非他(她)莫属的目标,男女皆然。选择与被选择是恋爱过程中的背景音乐,始终萦绕耳际。

选择是多层次的,年轻时最多谈论的是"男帅女靓",也就是外貌条件。我们那会儿流行找高个头,男方一米七以下会被姑娘们讥讽。到了"寻找中国的高仓健(日本硬汉小生)"时期(八十年代),小伙子们个个穿着土灰色竖领风衣,戴墨镜,见人不苟言笑,仿佛中国街头一下子克隆了千千万万个高仓健(笑)。

其实外貌的选择在"对上眼"那一瞬间就完成了。其后恋爱中的两人,将进入互相出题、互相答题的"互考"阶段。尽管并不是每对男女都意识到了这个阶段的互动模式,但生活中每一个细节,无论是着衣戴帽、说话办事,还是矛盾误会、喜怒哀乐摆在两个人面前时,可能都有考试的含义。任何人的善与恶、文明与野蛮、勤劳与懒惰、随和与极端、大度与小气、诚实与失信等,作为人的性格品行,在多变的生活细节中,无一例外地都要表现出来。

常有人问恋爱中的男女:"你们相处得怎么样?"

这个问话十分笼统与抽象,但指向明确:他(她)对你好吗?你们的恋爱能持续吗？未来乐观吗？

其实恋爱中的两个人不要过早地回答这个问题，认人、识人、了解人需要时间。

"我一眼就能把这人看到底"，此言只是盲目自信者的妄言而已，世界上没有这等"诸葛亮"！

生活会教会你许多，会给你一双慧眼，答案自然会在某个合适的时刻交至你的心中。

恋爱是为了结婚吗？我认为答案是肯定的，否则也不会流传"不以结婚为目的的恋爱都是耍流氓"这句话了。

但我想加一句，每次恋爱并不一定都通往结婚，这要看两个人在恋爱中，你有没有得到"他（她）是否合适我？"的答案。得到了，当然欢天喜地进洞房；不合适了，从此一别两宽也未必不是好事。

何况恋爱无论时间长短，它注定是人生最有滋味、最有色彩的阶段，无论结果如何，它都会令你学到在父母兄弟、同事朋友跟前学不到的东西。

显然，恋爱与结婚有着因果关系，但我却更愿意把它们看作人生两个既相互关联又相互独立的单元。

恋爱的目的可能是结婚，结婚的目的却不是恋爱，这大概就是两者的差异所在。

单就爱情来说，以我所见，那些刻骨铭心、赴汤蹈火的爱情故事，往往都以悲剧收场，《红楼梦》中的贾宝玉与林黛玉，《西厢记》里的张生与崔莺莺，连贵为皇帝的唐玄宗与杨贵妃都是。而外国文学中的《安娜·卡列尼娜》《罗密欧与朱丽叶》《魂断蓝桥》《人鬼情未了》《泰坦尼克号》等，也概莫能外。我有时想，故事里的男女主人公倘若后来生活在了一起，过了几年、十几年后，他们还会那么相爱吗？也许，劳燕分飞的人还不止一对、不止一次呢。

当恋爱给婚姻打基础时，婚姻的大厦一定会以其自身的负重反过来检验这个基础。

三、找合适的人

传统的婚恋观有"门当户对"之说，如果单就物质条件来说，这是等级制度的产物，是贫富差别下人性自私的表现。中外历史上有太多被这种观念扼杀的痴男怨女。可以说，"门当户对"有时候是纯洁爱情的杀手。

但如果把"门当户对"上升到文化层次、学问修养、精神境界、宗教信仰等，也就是人们常说的"三观（世界观、价值观、人生观）"，那么这样的"门当户对"却有一定积极意义，是不能盲目否定的。

年轻人谈情说爱容易产生重表象而轻实际、重眼前而轻未来的倾向。"他（她）对我好不好？""他（她）家生活条件怎么样？"尽管关注这些也是人之常情，未来生活毕竟要有物质基础，要以他（她）的"好"作为前提的。但重要的，还要看两个成年人是不是有安身立命的本事（所谓事业），有没有自食其力的意识，有没有创造社会价值和物质财富的动力，有没有彼此成就对方的思想，有没有相互依恋对方的情感，有没有互相包容对方的性格，等等。在享受爱情的浪漫时，有了这些关注的内容，恋爱的使命才容易完成。

当然，这样也容易导致另一种倾向，那就是追求完美，仿佛总想着对方样样都要遂了自己心愿。

实际生活中没有完美的人,与其一门心思地想找一个"完美的人",还不如找一个合得来但并不完美的人。

女儿,关于恋爱的话题还很多,爸爸乐于看到你一点点学习,一点点锻炼,一点点提高。

恋爱本就是婚姻的前奏,希望你把这个前奏演好!

谨此,致
快乐!

爸爸

2020年8月14日于近月台

后记

让文学为生活伴奏

"文学"一词有着标准的解释:一种用口语或文字作为媒介,表达客观世界和主观认识的方式和手段。当文字不单单作为记录的方式(史书、新闻报道、科学论文等),还被赋予其他思想和情感,并具有了艺术之美时,便可称为"文学艺术"。

而我小时候听父亲对文学的解释,却是"摆弄文字的学问就是文学"。

今天写作此文,暂且沿用我父亲给我的这个片面的甚至错误的概念,好像这样更符合我歪教歪学的经历。

我常常在想,天下人无一人生活在真空里,谁的生活中都有太多的鸡毛蒜皮。倘若把文学比作乐器,让它为生活伴奏,有时交响乐,有时钢琴调,有时小夜曲,则生活的滋味可能会更美妙,也会更令人神往。

我暗自思忖,从小到大,仿佛文学都在我的身边。

今天说来,我算是生长在西安的北京人。北京是现在的首都,西安是过去的首都。从北京城里开车去八达岭长城,出德胜门往北,过了昌平区再往西北方向走,几十分钟后就到了;从西安城开车去兵马俑,出安远门往东,过了灞桥继续往东,二十分钟也就到了。如果从灞桥往北,十几分钟就可以过渭河,一眨眼工夫就可跃下白蟒原,原下一个二十户人家的村庄——十里村,就是我生活了十八年的故乡。

从十里村往北走十里路,就到了高陵县城,县城东门外,有唐代建筑,名昭慧塔,俗称高陵塔。塔在高陵县第一中学校园内。高陵一中是我的母校,我在这里完成了初、高中的学习。

很显然，我家在西安市郊县，我是在位于国家级文物保护区域内的中学上学的。我小时候还可以坐着父亲的自行车去临潼县的华清池洗澡。华清池是唐代皇家行宫，唐玄宗李隆基和杨玉环在这里度过了无数个"不早朝"的日子；白居易来过这里，他的名作《长恨歌》为这对情侣作了不朽的诗传，其中"春寒赐浴华清池，温泉水滑洗凝脂"引起过我的好奇和遐想。

记得我和父亲有一年到华清池泡澡，我在池子里问："大（爸），这水咋黏乎乎的？"

"天然温泉水，就这样，咱们不用打香皂了。"

我真难以想象，这么个煮饺子一样的澡堂子，竟然还来过皇上和他老婆。

那时，我们洗完澡，还顺道上山几十米，看"西安事变"时蒋介石住过的五间亭和他逃跑时藏身的石头缝（现兵谏亭）。我十多岁时，临潼县农民在华清宫以东几公里的山坡上发现了秦兵马俑坑，这样便使临潼县成了世界知名的旅游区。

这样一看，我好像生活在一个方圆几十里都是历史名胜的圈子里，一辆自行车，就足以助我任意徜徉其间。其实不然，在六七十年代，当我们村子里娶媳妇嫁姑娘只能用马车牛车时，现在看到的距离，在那时却显得太遥远了。而我在十二岁上中学之前，活动范围基本上局限在十里村和岩王小学之间，也就是方圆二三公里以内。而我去不了的地方，就如同远在天边的远方。

好在"文学"在我身边，她开始以非文字的形式出现。尽管给我心田播撒文学种子的人至死都不知文学叫个啥。

我奶奶是我父亲的继母,她看护我的时候,常常与村子里几个老太太,一人领着一个孙子,围拢在打麦场旁边的大槐树下,说那些反复说过的闲话。我听得最多的是她们点评谁家的儿子孝顺,谁家的儿媳妇不孝顺,其次也听她们讲鬼故事,什么"断头人夜拦饿死鬼""迷糊子惩罚偷奸妇"等,有时候听得人头发竖立,不敢单走夜路,甚至以为玉米地里的野猫都是鬼变的。

我父亲当过兵,他算是给我讲故事的第二人。他的故事以他在部队里的"五马长枪"为主,比如他当文化教员,发明了"行军识字法"——每个战士后背上用黄土块写一个字,后边的战士念前边战士后背上的字,一天识一个字,几年后,就认识上千个字了……

记得有一年,驻河南某部队一位首长坐着吉普车来到我们家,带着点心和烟酒,说来看望"张教员"。我母亲为此做了丰盛的饭菜,我父亲高兴地与久未见面的战友聊天喝酒直至大醉。

事后我听父亲说,他这个战友原来是个孤儿,刚入伍时还是个文盲,但学习识字很认真。我母亲开玩笑:"你教的文盲战士都当首长了,那你这个当教员的咋退伍当农民了呢?"

我父亲一听这个话就会埋怨我爷爷,说他以病危相骗,让我父亲请假回家后就把他"关"了起来,害怕当兵打仗,万一有个闪失,张家独苗就断了香火。父亲就这样被迫退伍了,他也与我爷爷闹了多年别扭。

我母亲有时安慰我父亲,说你要是不退伍,那你现在的家可就不是这个家了,孩子也不是这些孩子了。

父亲点头称是，转而甘心地当我的学前班老师和小学课外老师，他以"你不好好读书我就打死你"相"威胁"，让我成为十里村不敢辍学的少年之一。

进入高陵一中后，我被初中班主任老师任命为板报组组长。我开始学习在板报上写表扬稿。

七十年代初期，我们学校经常组织学农学工劳动。这让我知道，从高陵一中往西走一里半路，就是我们高陵县造纸厂。我们去造纸厂劳动，就是清理废旧书报，清拣过一捆捆书报中的砖石土渣（可能是卖书报的人为了增重而暗藏其中的）以后，书报纸张就被我们扔进纸浆池。可是堆积如山的废旧书报中还有许多完好的书籍，我们舍不得扔，同学们就纷纷藏着自己想看的书。领工的师傅笑着说："偷书不算贼，你们买不起书，就拿吧，我用书抵扣你们的工钱吧！"

我参加过几次学工劳动，竟然拿回家二三十本书。在此之前，我父亲做的书架上，只有一套《毛泽东选集》。之后，就有了《李白与杜甫》《中国小说史略》《中国文学史》《马雅可夫斯基诗选》《苦菜花》《林海雪原》《野火春风斗古城》，还有五六十年代的《诗刊》等。

有了书，我不再听别人讲故事了，我自己看，我看完了自己藏的书，又与有书的同学交换。我的发小李治中，他父亲在西安城里工作，他家里有个书房，有满柜子的书，我就是在他家借到了巴金的《家》《春》《秋》。

高陵一中也有一个很大的图书室，但在"批林批孔"运动中关闭了。我有个同学，名叫宋忠毛（取忠于毛泽东之意），他妈妈就是我的班主任老师。他与学校的所有老师都熟悉，我通过他走后门，私下借阅了许多书。看了《水浒传》，我就想拜我们班高个子体育委员林东当大哥，还鼓动他找一找看着不顺眼的同学打架。林东的名取自伟大领袖的名字末尾一个字，他好像也有雄心壮志，但我未料到，他的样子可以与林冲比一比，胆子却小得与武大郎一样。他把我给他的"打出威风"的建议汇报给了老师，老师找我谈话查动机，得知原委后，叹息道："少不读《水浒》，看来老话没有错呀！"

我没有法子拜大哥耍威风，自己又矮又小，以教室前排学生的身份又难以自己"揭竿而起"当大哥，我便只好埋头读书，心想我应该为自己将来有机会当吴用时做些准备。因为梁山英雄当中，吴用（音"无用"）其实很有用。

我于是又依次看完了马克思、恩格斯、列宁、斯大林的传记，当革命家的故事感动得我坐卧不宁时，我便学习吴用给晁盖出主意的模样，找宋忠毛郑重其事地商量，说能不能成立一个苏维埃组织。我之所以找他，是我发现他因为老师儿子的身份在同学们当中有威信，他还是学校乒乓球冠军，代表学校参加过西安市中学乒乓球联赛。

宋忠毛听了我的想法后，先是吓了一跳："私自组党，那是反革命！"

我赶紧补充说："不是私自，我们决定后，就向学校党团组织申请，而且是苏维埃组织！"

宋忠毛这时笑了，说："那就免了吧！中国已经有了苏维埃组织。咱们先入团，后入党，就等于进了中国的苏维埃组织了。"说完，宋忠毛指了指阅览室墙上挂着的马克思、恩格斯、列宁、斯大林、毛泽东的大幅画像，"你看，这些伟人，就是中国苏维埃革命的导师！"

我算是虚心听取了宋忠毛的建议，后来我确实在十四岁时加入了中国共青团，十九岁时加入了中国共产党。

书看多了，我就真切地知道书为不同的人所写，不同的人写不同的书，有人写厚书，有人写薄书，有人写长文，有人著短章。

我从此开始胡思乱想起来。我放学回家放羊时，就把自己编进了"王二小"的故事中，我给自己取名叫"战娃"——战娃领着日本兵，在玉米地里抓八路，结果掉进战娃他大（爸）挖的陷阱里，竹扦子刺进了日本鬼子的屁股眼里，武工队这时正好赶到……

这个故事我对来我家走亲戚的表弟讲了一遍，没想到他后来老是缠着我给他讲《战娃的故事》。

表弟这个听众无意中鼓励了我，我发现了自己的"能耐"。等上了高中，专业分班时，我毫不犹豫地选择了"文艺理论班"，而且成为班里三人写作组成员之一。

每当学校食堂开饭时，校广播站会播放歌曲或者读报节目，偶尔听到"张建全的来稿"时，我甭提有多么得意。

学校运动会上，照例没有我这个小个子的身影，但我是报道组成员。我采访了外号"大长腿"的校花运动员吴小娜，还写了题为《赞吴小娜》的打油诗交广播站朗诵："百米跨栏大赛场，力争上游好榜样。夺冠声声最入耳，青春似马人飞翔。"

吴小娜在场外见了我，笑着说："你咋还把我比喻成了马？"她美丽的笑容让我记忆犹新。

高中一年级时，同学们就叫我"笔杆子"，我受此鼓舞，写了短篇小说《验粮》,投寄给《陕西文艺》("文革"期间《延河》更名为此,现已恢复原名)。在退稿信上,编辑称呼我"建全同志",这让十六岁的我觉得自己好像是个才子。

1978年春,我刚满十八岁就参军入伍。在新兵连集训期间,我除了写日记,代个别战友写家信,还写散文。有一篇题为《湖南的山乡》的习作,被政治处干事梁敦宁看到了,他评价说:"语言朴实,观察细腻,写得好!"他鼓励我坚持下去。

我就此成为团宣传股重点培养的"写作苗子",下连队当了一年文书后,就调入宣传股,当了新闻报道员。

这时,我的本职工作是新闻写作。表面上看,这份新工作缘于组织调动与安排,但实际上,引领我踏上新闻这条路的,则是文学这盏灯。

我在宣传股副股长袁国新的指导下,于十九岁那年秋天,在《基建工程兵报》上发表了第一篇报道;之后不久,我的散文处女作《春节》发表在当时我们部队三营所在地的文艺月刊《山泉》上;一年后,我上调部队北京指挥所,开始在《解放军报》发表文章。不久后,我因被军、兵种评为优秀报道员而成为优秀战士,且因此提干,成为穿上四个兜兜的军官。

写作固然有分类,各有各的名堂,但一样的功夫是思想的能力与遣词造句的技巧。写新闻的人,大可以依自己的爱好,在完成本职工作之外,涉猎其他。

我从部队转业后,先做党办秘书,后当国企领导,但业余爱好仍然离不开文学,作家梦长久地萦绕于我年轻的心中。

八十年代中后期,深圳《特区文学》月刊连续两期发表了我的中篇小说《阿美娜》《能够说什么》;海南《天涯》月刊发表了我的中篇小说《走过泥泞》;天津百花文艺社《散文》月刊发表了我的散文《哥儿们罗曼事》;另有杂文、诗歌散见于《北京晚报》《西安晚报》《北京文学》《散文选刊》《海外文摘》《南方周末》《深圳特区报》《深圳商报》等。

我就此先后加入了广东省作家协会、海南省作家协会。我满怀希望地走在文学的羊肠小道上,但几个月后,我被两盆冷水当头浇下。

一是香港《文汇报》连载我的小说《阿美娜》,付我稿费两千元,我请文友聚餐时,竟然不够付那一顿饭钱。二是著名导演郭宝昌(《大宅门》编剧、导演,时任广西电影制片厂导演)计划把《阿美娜》搬上荧屏,但苦于没有制片经费而作罢。那时的深圳,满地的生意,满城的生意人,加之父母这时已经上了年纪,我得担当起自己的小家和父母亲这个大家过日子的基本需要。我没有依靠写作养家糊口的能力,我依依不舍地放下了写作的笔。

我弃文从商了。

学习经商,如同学习写作,当失败累积多了,也就提高了成功的概率。

多少年来,我不停地"摸着石头过河",有时真就过了河,有时又呛几口水,啃几嘴泥。我拉广告收提成,开餐馆投歌厅,炒房炒股开公司,等等。

当年届六十洗手上岸时,我才发现我是小富即安的典型,滔滔商海,以我的胸怀与斗志,是难以游出浪花和取得大成就的。我看到有不少商海同龄人,"眼看他起高楼,眼看他宴宾客,眼看他楼塌了……"心里常常自感安慰。

我是以商人的身份退休的。一退休,闲暇就多了,这时受情感牵引,就又寻找文学这位"初恋情人"。而面对文学,我有时愧疚,有时坦然。愧疚的是,作为精神世界的"情人",我为她付出得太少了;坦然的是,我没有"移情别恋",没有从情感上远离文学。我没有写多少东西,却看了不少东西。我想说,热爱足球不一定下场踢球,当球迷岂不是大多数足球爱好者的状态?文学亦应同理。

我这样安慰自己,热爱文学的方法有很多,如果因为热爱文学而当作家,从看书到写书,值得称道,作家的生活堪称文学的生活;如果热爱文学而甘当读者,从看书到看书,那也没有什么不好。而且后者是大多数热爱文学的人的选择。他们过着安心的读书生活。我觉得,这种与文学相伴的生活是更应该提倡的。

通俗点说,写书与看书其实都是文学生活,两者相辅相成,共同促进了文学领域的繁荣。我们呼唤出现更多的"曹雪芹",但光有"曹雪芹"还不行,还要有更多的热爱"《红楼梦》"的读者。这样,"《红楼梦》"才能一代代流传下去,文学队伍才会后继有人。

我是那种安心过着读书生活的人,而书对我的感染大概可以归为三点:一是故事,二是思想,三是写作技巧。

如果说少年时代的乡村生活让我对村外的世界一头雾水,那么当我有书可读时,上下五千年的历史,纵横几万里的宇宙,也就在我心里完成了立体的拼图。同时这些书也帮助我构建起一个成人的精神世界。《水浒传》让我理解了江湖义气;《红楼梦》让我懂得儿女情长;《简·爱》让我看到爱情世界里的平等;巴尔扎克让我感叹资本主义的原罪;高尔基打开了我认识红色苏维埃革命的窗口；海明威则用一位老人的捕鱼故事诠释了他的英雄主义。而我的三位老乡，路遥写他的陕北，陈忠实写他的关中，贾平凹成了写尽陕南的第一人……

太多的故事，古人的、今人的，男人的、女人的，生的、死的，美的、丑的，都藏在了一本本书里，作家也悄悄地把现实主义、超现实主义或者魔幻现实主义的写作手法，展露在自己的文字当中。于是，研究者从马尔克斯《百年孤独》到莫言的"红高粱"系列，到余华的《活着》，讨论写作手法的继承与创新；从钟阿城的《棋王》到刘震云的《塔铺》，寻找着作家成长的轨迹；当然鲁迅的杂文，朱自清、周作人的散文，也树立起不同文体的标杆。可是社会进步没有停止，任何写作都没有最好，只有更好。当余秋雨、贾平凹、蒋勋等人的散文洛阳纸贵时，你不能不佩服创作者推陈出新的动力与能力。

自认为热爱文学的我，当然也会偶尔手心发痒，忍不住要写一篇两篇小文章，谈往事、抒真情，好在中国的报纸杂志并不排斥业余作者的文章，何况现在又多了一个网络。

我坦承，我的写作，首先是为了自娱，用以填充寂寞的长夜；其次是娱人，让愿意花时间读我文字的人，有些许收获；最后是"铅字情结"，好像文章见报，抢占了报纸版面，自己烹调的菜肴才成成品。

当然，中国文坛从来都是比赛场，我羡慕那些屡屡出版畅销书的作家，羡慕获得茅盾文学奖、诺贝尔文学奖的作家。但我以为，社会主义文学没有被少数作家垄断，反而在毛泽东文艺思想、习近平文艺思想的指引下，"百花齐放，百家争鸣"，已经给每一个人提供了公平的机会和广阔的舞台。

就我个人的体会来说，文学给我的好处，绝不仅仅是发表过零零星星的作品，更重要的是，她让我选择了一种满意的生活方式，令我的精神愉悦且充实，自觉生命的质量也在一点点得到提升。

是不是可以这样说，我是一个让文学为自己的生活伴奏的人？即使是经商的那些年，文学也没有与我分离，她好像以另外一种形式与我相守相望。当我现在又想提笔写点东西时，包括商海经历在内的一切生活体验，皆成为创作的矿山。

2022年11月6日于近月台

张建全

　　作家,词作家,陕西高陵人,现居北京,中共党员。北京作家协会会员,中国散文学会会员,中国音乐著作权协会会员。1978年入伍,历任战士、班长、排长、新闻干事。1984年转业,当过国企领导,后下海经商。

　　他的小说、散文、诗歌作品,散见《北京文学》《散文》《散文选刊》《海外文摘》《芒种》《天涯》《特区文学》《人民日报》《解放军报》《北京晚报》《文汇报》《中国艺术报》《深圳商报》《西安晚报》等报刊。

散文集
《我的商海往事》
《鲜活的面容》

中短篇小说集
《那时深圳爱情》

歌词作品
《四海同春》
（王佑贵作曲，张英席、王庆爽演唱）

《想见村里每一个人》
（王佑贵作曲，刘和刚演唱）

《女儿是爸爸的前世情人》
（王佑贵作曲，廖昌永演唱）

《上了油画的女人》
（王佑贵作曲，陈思思演唱）

《记忆中总有一杆枪》
（戚建波作曲，阎维文演唱）

《开着汽车去旅游》
（戚建波作曲，周澎演唱）

《荷花谣》
（孟文豪作曲，王小玮演唱）

《发黄的照片》
（孟文豪作曲，张凯丽演唱）

《那一首老歌》
（孟文豪作曲，孟文豪演唱）

《会飞的鱼》
（李岱珂作曲，张可盈演唱）

《西安城》
（赵文琪作曲，张可盈演唱）

《长沙城》
（赵文琪作曲，张英席、王丽达演唱）

图书在版编目(CIP)数据

鲜活的面容/张建全著.—北京：中国青年出版社，2024.12
ISBN 978-7-5153-7192-4

I.①鲜… II.①张… III.①散文集—中国—当代 IV.①I267

中国国家版本馆CIP数据核字（2024）第010273号

侵权举报电话

全国"扫黄打非"工作小组办公室　　中国青年出版社
010-65212870　　　　　　　　　　010-59231565
http://www.shdf.gov.cn　　　　　　E-mail: editor@cypmedia.com

鲜活的面容

著　　者：张建全

出版发行：中国青年出版社	印　　刷：北京瑞禾彩色印刷有限公司
地　　址：北京市东城区东四十二条21号	开　　本：880mm×1230mm　1/32
电　　话：010-59231565	印　　张：10.5
传　　真：010-59231381	字　　数：292千字
网　　址：www.cyp.com.cn	版　　次：2024年12月北京第1版
编辑制作：北京中青雄狮数码传媒科技有限公司	印　　次：2024年12月第1次印刷
责任编辑：张军	书　　号：ISBN 978-7-5153-7192-4
策划编辑：高瞻程	定　　价：69.80元
书籍设计：乌兰	

本书如有印装质量等问题，请与本社联系
电话：010-59231565
读者来信：reader@cypmedia.com
投稿邮箱：author@cypmedia.com